中国で成功するフィロソフィー

株式会社iAXホールディングス
代表取締役会長兼CEO
山口 増海

SOGO HOREI PUBLISHING CO., LTD

まえがき

２０１９年から世界を覆った新型コロナウイルスという厄災は、経済に大きな一撃を食らわせました。これまでも人類は感染症に悩まされたことがありました。しかし、それに打ち勝ってきたからこそ、現在があるのです。

これまでは陽性患者数の増減に一喜一憂していましたが、ワクチンの開発・普及により明るい兆しが見えてきました。人類を襲ったこれまでのパンデミック同様に、必ず私たちはコロナウイルスを克服できることでしょう。

30年以上前のことになりますが、京セラに所属していた私は、中国大陸でＰＨＳを製造・販売することになりました。徒手空拳で大陸に渡り、失敗と成功を繰り返し、知識を得てきた結果、一億台以上のＰＨＳを中国で販売できました。

すべてが私の手柄ではありません。私にあったのは誰よりも強い気持ちと情熱だけでした。私は現地の交渉相手の言葉に耳を傾け、すべての時間をただ仕事に費やしました。そして何よりも、多くの仲間に恵まれました。

がむしゃらに没頭することで、考えられないほどの困難も克服することができます。私も持てる時間のすべてを仕事に注力して、交渉を軌道に乗せたり、トラブルをフィックスしたり、大きな契約をものにしたものです。

私が敬愛する毛沢東は、次のような言葉を残しました。

「人間は若くて無名で貧乏でなければよい仕事はできない」

私が「よい仕事」をしたかどうかは別の人間に判断を任せますが、5Gが日本よりも早く実現した中国を訪れるたびに、その基礎の一部を担った自負はあります。

私がビジネスパーソンとして生きていく上で大きな影響を受けた稲盛和夫会長は次のような言葉を残しています。

「自分が思い描いた夢は必ず実現する」

会長の薫陶を受け、どんな状況に置かれても、明るい希望を持ち、地道な努力を続ければ必ず目標を達成できることを私は知りました。

私たちは「思い」という言葉を使うとき、「願望」と捉えがちです。稲盛会長は、そこから違っていました。あらゆる手段と努力を使ってその「思い」を実現するのです。壁が立ちふさがっても、乗り越えて前進する。そこまでしての「思い」なのです。

中国という大きなマーケットを切り開いていくとき、この会長の言葉が常に頭に響いていました。

今回、ご縁があり、私の足跡をまとめる機会をいただきました。この本が多くの人、できれば私が中国に渡った時と同じように、強い気持ちと熱い情熱を持っている人たちに届くことを願っています。

２０２１年８月

株式会社ｉＡＸホールディングス代表取締役会長兼社長（ＣＥＯ）山口増海

中国で成功するフィロソフィー　目次

第1章

中国にＰＨＳを売り込め

第2章

エンジニアとして社会に飛び込む

第3章 どこまでも緻密な京セラの経営に驚く

第4章 わたしの人生を導いた稲盛さんの言葉

第5章

どうすればうまく中国と付き合えるのか

第6章 iAXが日本と中国をつなぐ

第7章

PHSという技術と中国市場

第8章

中国での市場を拡大する実地スキル

装丁／小松学（ZUGA）
本文デザイン／飯富安奈（Dogs Inc.）
DTP／横内俊彦

第1章

中国にPHSを売り込め

ファーウェイ製品を排除せよ

中国のＩＴ企業「ＨＵＡＷＥＩ（ファーウェイ、中国名：華為技術）」の通信機器を通して、米国政府や米国企業の情報が中国共産党へ筒抜けになっているのではないか――米国はファーウェイを国家の安全保障を脅かす存在と位置づけ、公的機関からの排除へ躍起になっています。米軍基地内ではファーウェイとＺＴＥ（中興通訊）製のスマートフォンの販売が禁止されました。両社の機器には中国のスパイのためのバックドア（裏口）が組み込まれているという観測から、中国当局が携帯電話を盗聴器として使う可能性があるというのです。

トランプ政権は、中国への経済的な圧力を露骨にかけ続けていました。その姿勢はバイデン政権となっても引き継がれています。

中国政府による監視活動はよく知られていますが、その手助けをしている**中国企業への投資制限をトランプ政権は実施し、バイデン政権になってさらにそれを強化しました**。両国の緊張関係は年々高まっていると考えてよいでしょう。

トランプ政権は、欧州の同盟国に対して、自国の通信ネットワークから中国製品を排除するよう要請していました。米国は欧州が要請を無視するのなら、諜報活動によって得られた情報の交換を停止するという強い姿勢を崩しません。オーストラリアやニュージーランドは米国に同調し、日本は２０１８年12月10日、中央省庁のサイバーセキュリティー担当者が集まる「サイバーセキュリティー対策推進会議（ＣＩＳＯ等連絡会議）」を開き、中央省庁がＩＴ機器や情報システムを調達する際に手続きを厳格化する「ＩＴ調達に係る国の物品等又は役務の調達方針及び調達手続に関する申合せ」を決めました。申合せには特定企業名が記載されることはありませんが、各省庁が導入する機器はもちろん、情報通信、金融、航空、空港、鉄道、電力、ガス、行政、医療、水道、物流、化学、クレジット、石油の14業種の企業に対しても排除を求めています。企業の調達なので政府に強制力はありませんが、ＮＴＴドコモ、ＫＤＤＩ（ａｕ）、ソフトバンクの移動通信大手3社と、19年秋に新規参入した楽天は次世代通信「５Ｇ」の基地局などにファーウェイ製品を使わない方針を固め、ファーウェイ製スマートフォンの新製品発売を先送りしました。

日米欧の足並みがそろってもトランプ大統領はファーウェイ排除の手を緩めず、米国籍の企業に取引を禁ずる企業のリストへ登録しました。その結果、グーグルが提供しているスマートフォン向けのソフトウェアの出荷が禁じられ、ファーウェイ製品では基本ソフトのＡｎｄｒｏｉｄの更新やアプリをダウンロードするＧｏｏｇｌｅ　ＰｌａｙやＧｍａｉ

1などが利用できなくなりました。

個人的にはファーウェイがここまで頑張るとは思いませんでした。中国政府はファーウェイ問題について、米国企業へ報復していません。あくまでも静観の立場を取っています。ZTEのように白旗を上げると思いましたが、今のところ、ファーウェイは大いに健闘しているように思えます。これは、ファーウェイが潰れてもやむなしと思っている気持ちの現われでしょう。このファーウェイへのバッシングは、ただ世界経済を不景気にしたとしかわたしには思えないのです。

バックドアの存在の真偽はともかく、**米国がこれほどファーウェイ製品の排除に躍起になっている背景には、中国企業の驚異的な技術力の発展があり、それを米国が恐れていることは誰の目にも明らかです。**

PHSを売ってこい

中国の通信技術が急速に発展したのは、ここ10年ほどのことです。わたしが中国でPHSの移動通信網を構築した1990年代は、都市部で携帯電話が使われているだけで、農村部は固定電話も満足に引かれていない状況でした。

その未開拓の、しかし広大で有望な市場に打って出て、「山口、ＰＨＳを売ってこい」とわたしに命じたのは、京セラの稲盛和夫社長（当時）でした。

稲盛さんは27歳になった１９５９年4月、資本金３００万円で京都セラミック株式会社（現京セラ）を設立、独自のファインセラミックス技術によって会社を成長軌道に乗せました。現在は電子部品、情報機器、通信機器、太陽電池といった幅広い事業を展開するグローバル企業に育て上げました。

しかし、１９７０年代後半から90年代にかけての京セラは成長過程にあり、多角経営に突き進んでいました。わたしが京セラに移籍するまでの経歴については別の項でお話しますが、京セラの多角経営の足跡をたどると、稲盛さんが他社から移籍してきたわたしに、「山口、中国でＰＨＳを売ってこい」と命じた背景にある通信事業に賭けた熱い思い、人の役に立つことを最高の価値とする信念が伝わってきます。

稲盛さんは、１９７９年にサイバネット工業という通信機器メーカーを買収した頃から、**携帯電話やＰＨＳのような移動通信が世の中に求められて来ることを見抜いていたのでしょう。**なぜならサイバネット工業は、当時の子会社の中でほとんど唯一、セラミックスと直接の関連を持たない事業を展開していたからです。

サイバネット工業は携帯電話がまだ生まれていなかった時代に、特別な免許なしに利用できる市民バンド（CB）用のトランシーバーの製造を専業とした会社でした。トランシーバーの多くは米国に輸出されていました。

１９７３年に勃発した第四次中東戦争によって起こった石油危機の記憶は、日本ではトイレットペーパーの買い占め（実際には石油危機と紙生産とは直接関係がなく、トイレットペーパーがなくなるというのはデマに過ぎなかった）ですが、モータリゼーションが発達していた米国ではガス欠による事故――例えば冬場、郊外でガス欠を起こし、救援を呼ぶ術のないまま凍死するといった事故が多発しており、それを防ぐためにトランシーバーが売れていたのでした。

サイバネット工業の電子機器の開発技術と生産設備はその後、西和彦さんが提案した先進的なパーソナルコンピューター「ＰＣ－１００」（日本電気）に生かされるのですが、その話は脇に置くとして、わたしは、おそらく稲盛さんは移動通信の将来性をこの頃から見抜いていたのではないかと思っています。70年3月から9月にかけて開催された日本万国博覧会（大阪万博）の電気通信館に出品された携帯型無線電話機「ワイヤレステレホン」なども重ね合わせて、移動通信の未来を予測していたのかも知れません。

だからこそ84年に日本の電気通信事業が自由化され、新規参入の機会が訪れたときに、後発の不利を承知で京セラが中心となってＤＤＩ（第二電電）を設立し、そして10年後の94年、ＰＨＳ通信業者のＤＤＩポケット企画を設立したのでしょう。

稲盛さんはとにかく高所から判断する方でした。稲盛さんからの意見に対して回答すると、すぐまたいくつもの質問がかえってくる。「戦略」という言葉をよく使っていたことを思い出します。

余談ですが、ある事業部がＣＤプレーヤーをＯＤＭ（他社ブランドによる製品の設計、製造）でやっていたのですが、Ａ社が競合として現れたのです。Ａ社は日本国内で生産していたので、深圳《シンセン》でＣＤプレーヤーをＯＤＭで製造すれば勝てると考えて、稲盛さんに伝えました。そうしたら、「Ａ社も深圳で作ったら、負けるじゃないか。そのような小手先の手段では長続きしない。真のコストダウンをやって相手がどこでやろうが勝てるようにしなければダメだ」と一蹴されました。常に先の先を読む戦略を重視されていたように思います。

ＰＨＳとは何か

ＰＨＳは「Personal Handy-phone System」の略で、関係法令では「簡易型携帯電話」と

表1　PHSの推移

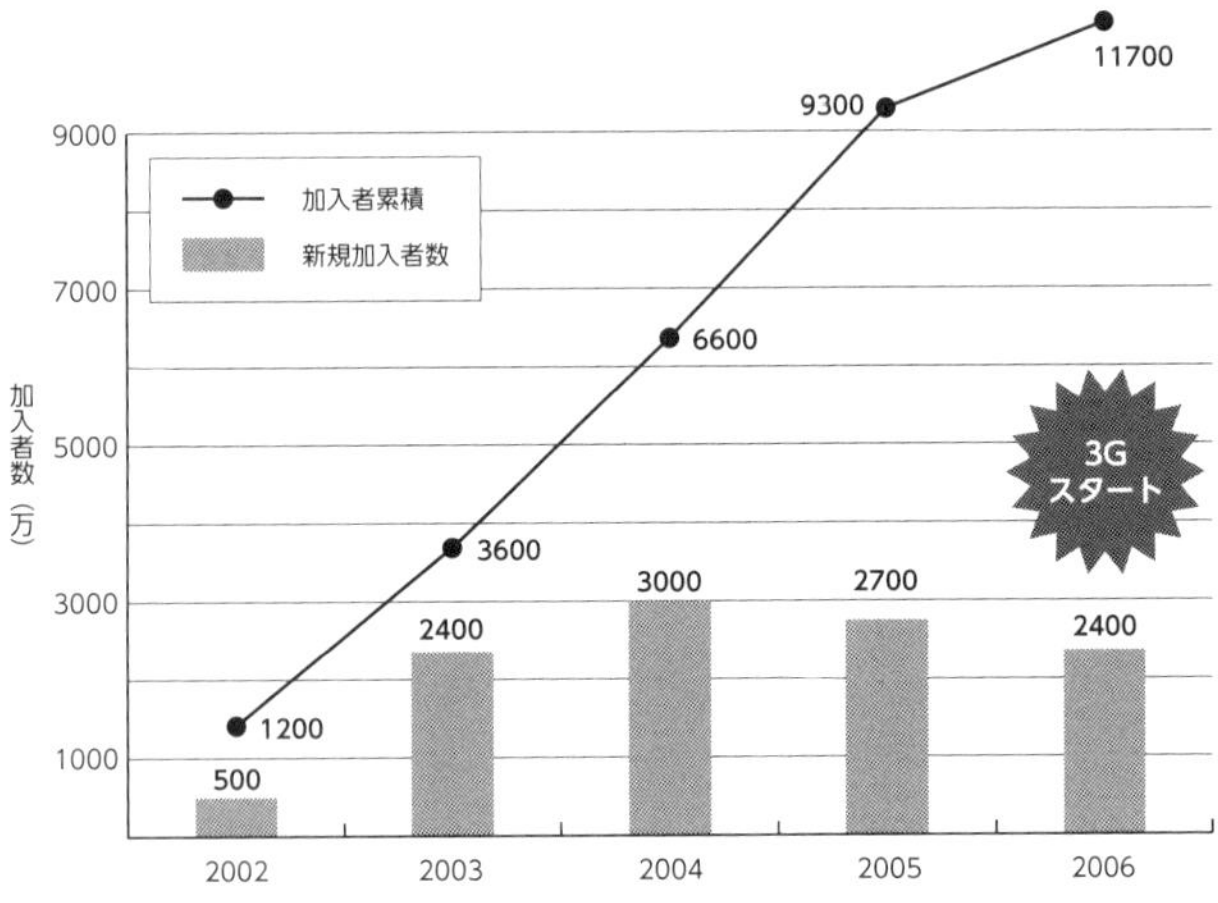

表現されました。キャリアと呼ばれる事業者のＮＴＴドコモ系のＮＴＴパーソナル通信網グループ、第二電電（京セラ）系のＤＤＩポケット電話グループ、電力会社系のアステルグループの３グループがＰＨＳサービスを始めた95年の時点では、携帯電話（当初はＮＴＴドコモ、日本移動通信（ＩＤＯ）、セルラー電話の３社、その後ツーカーセルラー、デジタルホンが参入）よりも通話品質が良く、端末（電話機）は小さく軽く、省電力のため長時間使用ができました。しかも通話料金も端末の価格も安いという優れた特長を備えていたのです。また当時の携帯電話がアナログ方式から始まり、やがてデジタル化されたのに対し、ＰＨＳは95

年のサービス開始時からデジタル方式を採用していました。

その優れた特長は、端末の送信出力の違いにあります。

当時の携帯電話端末の出力が0・6Wから1Wあったのに対し、PHS端末は0・01W（10mW）に抑えられていました。

もちろん出力が小さければ電波が飛ぶ距離も短くなる（携帯電話が数キロメートルに対しPHSの基地局は数百メートル）のですが、非常に出力の小さい基地局を多数配置することで、〝ハンデ〟を補っています。そうすると、ネットワークの構築に膨大なコストがかかりそうに思えますが、国内の場合、NTTパーソナルやDDIポケットはNTT公衆回線網を活用することで、システムを簡素にして回線構築にかかるコストを抑えたのでした。NTTの基地局の多くは公衆電話ボックスの上に建っていました。基地局というとビルの屋上にそびえ立つ大きなアンテナをイメージするかもしれませんが、PHS基地局のアンテナは細い棒状のもの。昔、自動車電話を積んでいる車はアンテナをトランクに立てていましたが、あれを少し長くした感じです。

このようにPHSは優れた仕組みだったと思いますが、「簡易型」と呼ばれたため、国内ではなんとなく携帯電話よりも下というイメージを持たれてしまったようです。ところが

中国ではPHSが大歓迎されたのです。

中国のケータイ事情

社団法人電波産業会傘下のＰＨＳ普及団体「PHS MoU Group」の２００５年当時の資料によると、ＰＨＳユーザーは中国だけで８５３０万人に達しており、２番目にＰＨＳが普及している日本の４８０万人を大きく引き離しています。「小霊通」とも呼ばれるＰＨＳサービスを提供しているのは、固定電話会社の中国電信（ChinaTelecom）と中国網通（China Netcom）。南部を中国電信、北部を中国網通が担当しており、実際の事業は各都市ごとに行われています。

ライバルとなる携帯電話会社には、ＧＳＭ（２Ｇ＝第二世代の規格。世界では広く普及したが日本では採用されなかった）と呼ばれるネットワークを持つ中国移動通信（China Mobile）と、ＧＳＭとＣＤＭＡ（２Ｇ。日本ではＩＤＯやセルラーが採用）のネットワークを展開する中国聯通（China Unicom）がありました。

ＧＳＭには3億人以上の利用者がいますが、基本料金が高い上、受信側にも課金されるためにユーザーの負担が大きいことから、基本料金が安く、発信者側のみの課金ですむＰＨＳは、手軽に持てるため、自宅に固定電話を引かずに利用する人も多かったのです。

ラストワンマイルをＰＨＳで代替

わたしが稲盛さんから「山口、ＰＨＳを売ってこい」と命じられた当時は、中国はもちろん、アジア各国でもＰＨＳはほとんど普及していませんでした。国内ではある程度は売れていたものの、稲盛さんが満足するような市場にはなっていませんでした。

京セラはＰＨＳ端末の他に基地局の製造も行っていたため、「ＰＨＳを売ってこい」という命令は、単純に京セラ製の端末を売ってこいではなくて、ＰＨＳのネットワークを構築してこいという「無理難題」なのでした。

なぜ「無理難題」なのかというと、ＮＴＴグループのＰＨＳ戦略が大きく影響していました。先にお話ししたように、ＮＴＴはＰＨＳの基地局を公衆電話ボックスの上に建てていました。確かにコストは安いのですが、基地局としての能力があまりにも低すぎたため電波が届かない「穴」があちらこちらに生じてしまった。これはだめだということに気がついたときには、ＰＨＳネットワークシステムの膨大な在庫の山ができていたのです。

その頃わたしは、戦略企画室長、テレビ会議システムの営業部長と技術部長、デザイン部責任者など８つの部門長を兼務していました。なぜこんなに役職を兼務することになったのかというと、笑い話のような出来事がきっかけでした。

当時の京セラは稲盛さんが陣頭指揮を執り、急成長の過程にありました。社内組織は完成されたものではありませんでした。各部門から上がってくる商品企画のGOサインは、戦略企画会議に出すのですが、テレビ会議の開発部門から上がってくる案件が3カ月間、全く通りませんでした。それはそれで仕方がないことでした。戦略企画会議が求めるフォーマットレベルに合った書類を出さないため、審議のしようがなかったのです。ただ、わたしに彼らの思いは通じていましたので、内容を修正して再提出させることにしました。

彼らには喜ばれましたが、そのためにテレビ会議システムの営業部長と技術部長も兼務することになったというわけです。

そうこうしているうちにPHSが完成しました。**京セラがPHSを開発した理由は、ユーザーまでの「ラストワンマイル」にありました。** 京セラが出資するDDI（現在のKDDI）はラストワンマイルのネットワークを持っておらず、PHSで代替したいと考えたのです。DDIは固定電話の電話会社ですが、電柱の電話線から各家庭までを（今なら光ファイバーでしょうが）銅線で結んでいたのです。コスト的に合わないため、銅線の代わりにPHSで結んでしまえば低コストの電話網が構築できます。

後発のDDIが、先発のしかも〝巨人〟であるNTTの真似をしても勝負にならないの

図1　京セラ時代（97年度市場調査のため）

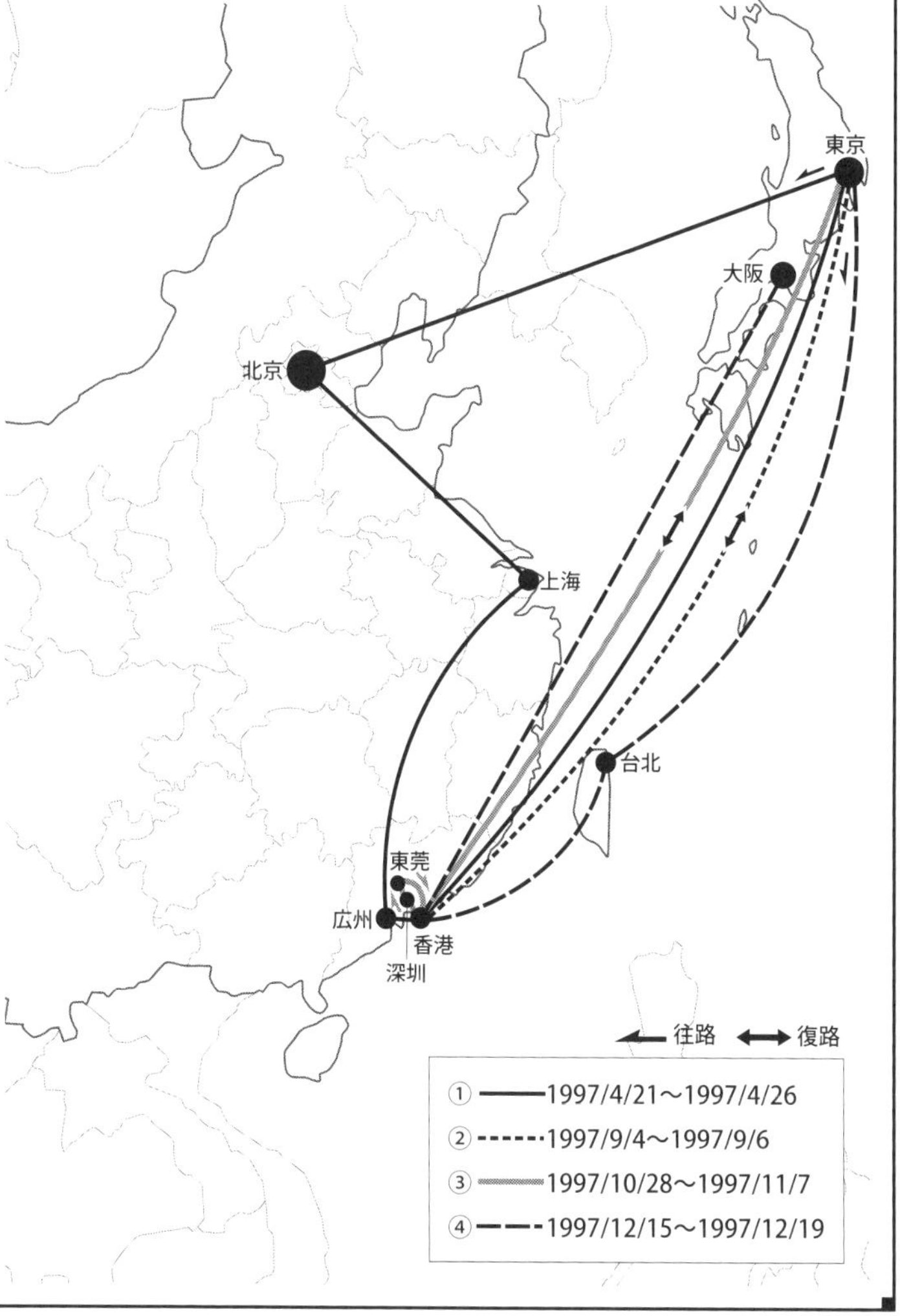

はわかっていました。そこでＤＤＩは長距離通話の料金で競争しようと考えたわけです。戦略としての「ラストワンマイル」は勝負になりません。前述の通り、ＰＨＳでラストワンマイルをつなげば勝ち目もでてくるものですが、ＮＴＴはなかなかＩＳＤＮで回線を引いてくれないのです。郊外のゴルフ場に行くと、ＮＴＴの携帯はつながるけれど、ＤＤＩのＰＨＳはつながらないことが、当時はよくありました。

ＮＴＴとの確執も背景にありました。ＰＨＳの基地局はＮＴＴのＩＳＤＮというデジタル化された公衆交換電話網で結ばれていたのです。ＮＴＴに「この地域にＩＳＤＮ回線を引いて欲しい」と依頼しても、彼らは採算が悪い場所にはなかなか引いてくれません。文句を言って急かすと「自分でやったらいかがですか」という趣旨のことを言われます。**そこで京セラとしては国内のＰＨＳ網を強化していく方針を打ち出すのです。**

ドイツの自動車メーカーがＰＨＳに注目

わたしは国内のラストワンマイルには直接関わってはいないので、当時聞いた話を総合すると、どうやら国内のＰＨＳは携帯電話にはかなわない。それなら海外、それも携帯電話の普及が遅れていて、庶民の所得が低く携帯電話料金の負担を重く感じる東南アジアへ

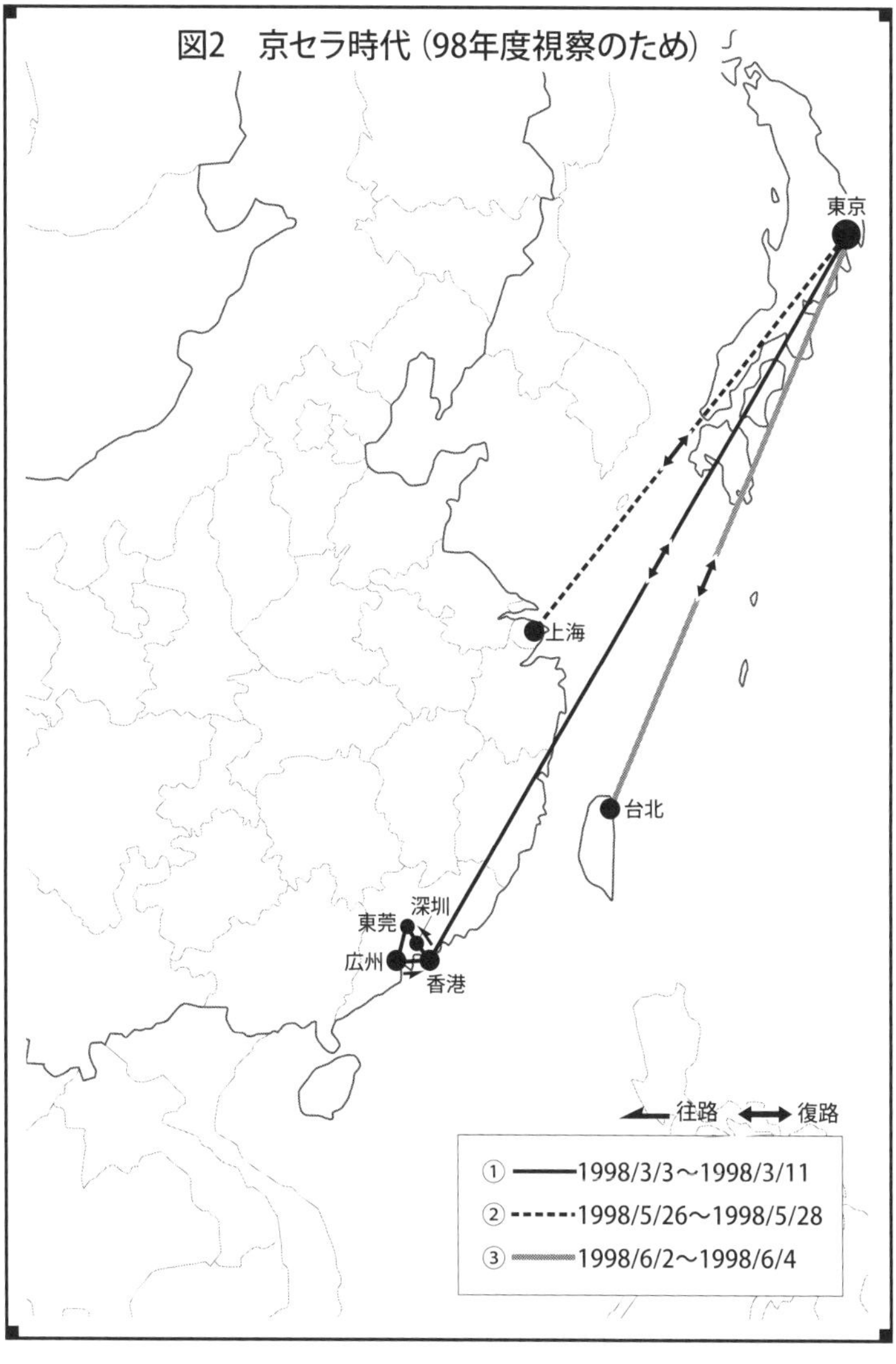
図2　京セラ時代（98年度視察のため）
東京
上海
台北
深圳
東莞
広州
香港
往路
復路
① 1998/3/3～1998/3/11
② 1998/5/26～1998/5/28
③ 1998/6/2～1998/6/4

売り込もうとなったようです。

わたしも「ＰＨＳを売ってこい」と命じられて、まずタイのバンコク、それからインドネシア、ベトナムといった東南アジアの国々へ売り込みに出かけたのですが、すでにＮＴＴが在庫品を売りつけていて、どうにもＰＨＳの評判が良くない。ＰＨＳというシステムそのものは優れていたのですが、ＮＴＴグループの戦略がよくなかったため、現地の日本企業の評番はよくなかった。そこへ京セラ製のＰＨＳを売ってこいと言うのですから、わたしから見れば「無理難題」です。

また歓迎されたところでは、逆に怪しい話を持ちかけられたこともありました。例えばインドネシアに売り込みをかけた時は、スハルト大統領が権勢を誇っている時代でした。政治力のある人物を通じて通信行政を担当する幹部に話を通し、契約の条件を詰めている時に、「投資額の25％を退職軍人の年金基金に入れよ」というような話が出てくるのです。腑に落ちない話であり、どこか危うさも感じたので、いったん持ち帰って京セラの経理などに相談したのですが、誰もそんなお金の処理をしたことがない。

「ちょっと待ってください、山口さん。そんな条件で契約して大丈夫ですか？」

もちろん答えられません。わたしは技術畑出身なので、その辺りの〝呼吸〟はわからないし、透明性の高い商売をしたいと考えていたので、できれば契約を破棄したかった。でも政治力のある人物が関わっていたため、インドネシア第二の都市スラバヤでこぢんまりと展開することになりました。

ところが東南アジアとは相性が悪かった。通信メーカーの海外進出には当時の郵政省が音頭を取っていたのですが、京セラは競合他社に比べてワンテンポ遅れていました。そのため、ベトナムでは先にお話ししたように、ＮＥＣなどの先発隊が在庫品を持ってきていました。日本でＰＨＳを手にしたことがある人なら分かると思いますが、ＰＨＳ端末は当時の携帯電話に比べて小さくて軽いと感じたはずです。ところが、ＮＥＣのＰＨＳ端末は携帯電話のように大きくて厚くて重い。京セラのＰＨＳは小さくて薄くて軽い。現地の電話会社の担当者も京セラ製を支持していたのですが、不思議なことに、どうも商談がまとまらない。つまり、わたしの知らないところで何かがあるのです。

タイでの交渉はいい線まで行っていたのですが、先にネットワークを構築していたＮＥＣとパナソニックの性能が悪かった。歩いている時ならよいのですが、車に乗ったら全然つながらないのです。京セラのＰＨＳは、よほどスピードを出さない限り、車に乗っていても通話ができました。それほど高性能なのに、他の日本製と同じに見られてしまった。

インドネシアのスラバヤの案件も入札をしたのですが、こちらは約束を守ってもらえませんでした。京セラが半年間のテストを行い、問題がなければ京セラのネットワークを入れるという話だったので、担当者を一人常駐させてテストを続けました。何の問題もなく半年が過ぎたので、入札はいつかと問い合わせたのですが、向こうの責任者が逃げ回っていてつかまらない。どうも怪しいと感じて、入札を辞退しました。社内からは「半年間テストやって、なんでやめる?」という声が上がったのですが、「物を売っても多分、お金は支払われませんよ」と説得しました。

後でわかったことですが、現地の会社にはお金がなかった。それを競合他社は知っていて、まず京セラに落札させて、うまくいくようなら自分たちも製品を売ろうと画策していたのでした。この話は競合他社の人から聞いたのですから本当なのでしょう。「肝心なときに京セラはうまく逃げてしまった」とその人は笑っていましたが、こちらは笑い事ではありません。もし入札していたら、億単位の損失を被っていたことでしょう。

ドイツの有名な高級自動車メーカーからもPHSの引き合いがありました。自動車産業はそろそろ下火になりそうという予測から通信に進出することを考えたのです。今でこそ自動車にインターネット通信機能を付加したコネクテッドカーが注目されていますが、当時はもちろんそのような発想ではなく、通信に進出する場合、ネットワーク(つまり電話線）を自前で引くのは大変だから、低コストのPHSを要所要所に造ってネットワークを構築してしまおうという思惑があったようです。有名な自動車メーカーからの引き合いと言うことで現地へ行って説明をしたのですが、「検討します」という返事をもらっただけで商談に至ることはありませんでした。おそらく彼らは通信事業を軽く考えていたのだと思います。

当時わたしが本命と目していた市場は中国です。

郵政省（現総務省）の担当課長も同じ考えでいました。困ったのは役人お得意の日の丸を掲げて「みんなで進出しよう」と言い出したことです。わたしには迷惑な話だったのですが、仕方なく、最初の1回はNEC、富士通、パナソニックとともに京セラも参加することにしました。郵政省には日の丸を掲げていけば、北京の役人たちは歓迎して受け入れるだろうという算段があったのかも知れませんが、わたしは「通信のように、経済の根幹になるようなものを北京が認めるはずがない」と思っていました。

そして**中央突破は無理だ。やるなら北京の目が届きにくい地方から攻めよう。**毛沢東戦略でいこうと決意を固めていたのでした。

すでにあるものではなくて、新しく仕組みをつくる

他国にビジネスを展開するにあたって、わたしが意識していたことがあります。それは他人が地盤を作り上げたところは避けるということです。

よくこういうたとえ話を仲間にしたものです。すぐ近くに大きなリンゴの樹があって大きなリンゴがたくさん実っている。それをみんなで取りに行くわけです。皆は、「せっかくたくさん実っているのだから」と言うのですか、それはよくない。結局、誰かが植えているものですから、取ったらいけないものなんです。よく見れば、足元に垣根があるはずです。

ある国のことです。PHSを売り込みに、日本からいくつかの企業が視察に行きました。しかし、そこは日本のN社が時間をかけて、販路を開拓していたところなのです。ただ、まだ発展途上でしたので、まだ利益を大きく上げているとはいい難い。そこへ、日本の他メーカーが集団でやってきたら、もうN社はお手上げです。

「ビジネスなんだから、遠慮せずにいけばいい。あそこにリンゴの実がなっているのだから、簡単に取れるところから取ったらいい」と言う社長もいます。そういう案件に、わたしはあまり乗りませんでした。

その国の行政からも、「ここはN社が最初に開発したエリアだから、他の会社はダメだよ」と言われます。忖度するわけです。

結局、**リンゴの木の周りには、見えない垣根があって、よそ者は入れないようになっているのです。**それを乗り越えて、もう一度、自分たちで作り上げていくのは、かなりの時間と労力が必要となります。それなら、最初から何もないところで自分の力を使って作り上げていくほうがよっぽどいいと思いました。それに、一度作り上げたら、自分は、その垣根の内側に入ることができます。

ベトナム、カンボジア、そしてインドネシア――。思い返せば、「垣根」はしっかり存在していたように思います。

ベトナムには、NECとパナソニックが進出しました。条件もよかったし、成功するだろうと思われていたけれど、いざ蓋を開けてみるとそれほど利益が上がっていない。やはり、何かしらの垣根があるのだと思いました。

PHSでは、京セラが中国に展開したわけですが、人口13億の国です。そう簡単に垣根は作れません。そこでわたしが取った策は、取り引きを3社に絞るということでした。ルーセント、UTスターコム、そしてZTE。この3社は、それぞれシェアが20パーセントを目指しました。

当時、中国で働いている中国人スタッフは5名でした。それで、中国全土をカバーしようとすると穴だらけになることはわかりきっていました。それで3社に絞ったわけです。ルーセント、UTスターコム、ZTEの3社には、わたしたちは堅固な垣根を作りました。垣根がないところは、好きにやってくれという感じです。

毛沢東の「農村が都市を包囲する」戦略

わたしが中国でビジネスを進める上で重視した毛沢東戦略とは何か。その前に、歴史上の人物となった毛沢東という中国の指導者について少しお話ししましょう。

1949年10月1日、毛沢東主席は中華人民共和国を創立しました。72年9月29日、当時の田中角栄首相と中国の周恩来首相は、「恒久的な平和友好関係を確立する」ことで一致し、北京で共同声明に署名、「日中国交正常化」が実現しました。余談ですが、その1カ月後には日中両国の友好の証として、中国から日本へ2頭のパンダが贈られ、「カンカン」と「ランラン」と名付けられて上野動物園で飼育されることになりました。

日中国交正常化交渉のため、北京を訪れていた田中首相はある夜、毛沢東の家に案内され、「(周恩来首相との）けんかは済みましたか」と聞かれたという話は有名です。そこには「互いに云うべきことを主張し喧嘩してこそ仲良くなれる」という意味が込められていました。

話は中華人民共和国創立以前にさかのぼります。１９２０年代から30年にかけての話です。

毛沢東は湖南省の農村を視察し、中国革命は農民革命となるべきだと悟ったと言われています。それはどういうことなのか。農村出身の毛沢東は農民が最も関心があるのは土地問題であることを知り尽くしており、地主から富農の土地・財産を没収して貧しい農民に分配する土地革命により、農民を掌握していきました。

当時の軍閥および北京政府に対抗するため、中国共産党は、孫文率いる国民党と共産党による「国共合作」を決めました。ところが27年４月、孫文の後継者である蒋介石の上海クーデターにより合作は崩壊。共産党は国民党との全面対決の姿勢をとり、都市労働者を組織化して都市で武装蜂起し、政権を建設するという路線を推し進めたのですが、国民党によって打ち砕かれて党員数が激減してしまいました。

毛沢東は、革命活動の重点を都市から農村に移し、農村で革命を起こして大衆を立ち上がらせて、数省にまたがる政権を樹立して都市を攻める戦略を考えました。都市から農村へ波及したロシア革命とは逆に「農村が都市を包囲する」独自の戦略により中国革命を勝利したのです。

取りっぱぐれを防ぐ妙案

この「農村が都市を包囲する」という毛沢東戦略は、中国企業ではよく用いられる戦略です。一例を挙げましょう。

ｄｉｃｏｓ（徳克士）というケンタッキーフライドチキンに似た業態のファストフード店です。店舗展開は消費力が高く消費人口も多い上海、北京のような一線都市を避けて、青島、長沙、合肥、済南などの地方の中核都市である二線都市や三線都市から始めて勢力を拡大していき、体力をつけてから一線都市へ進出して成功を収めました。飲料品大手の杭州娃哈哈《ワハハ》集団も外資系大手スーパーが販売の主導権を握る大都市を避けて、郊外や地方に特約販売店網を構築して成長していきました。

話をＰＨＳへ戻します。ｄｉｃｏｓやワハハよりも遥か以前、わたしは中国へＰＨＳを普及させるために毛沢東戦略を採用したという話の続きです。

１９９５年から96年頃、わたしの肩書きは戦略企画室長から海外通信営業部長に変わっていて、すでにお話ししたように、インドネシアのスラバヤ、タイのバンコク、ベトナムの首都ハノイの３カ所でＰＨＳのテストを行いました。ＰＨＳという商品の開発は国内の部隊が担当しており、わたしは海外へ売り込む責任者です。

商材はＰＨＳだけではありません。キャッシュレジスターの販売もしていました。お店のレジに置いてある〝金銭登録機〟です。京セラのイメージからは遠い商品かと思いますが、キャッシュレジスターの分野では世界ナンバー１のシェアを取ったことがあります。その理由は１台１００ドルという低価格機です。

売れたのはいいのですが、品質に問題が生じて返品騒ぎになったらどうしようと気が気ではありませんでした。最初の１～２カ月は品質担当に頻繁に電話をかけて「大丈夫か？」と「何もクレームありません」というやりとりを続けたものです。動かなくなったキャッシュレジスターの山に押しつぶされる夢まで見たほどでしたが、幸い１台のクレームもありませんでした。

さて、東南アジアの展開がスムースにいかなかった大きな原因は二つあります。一つは国内の大手メーカーが日本国内で売れ残った性能の劣った基地局や端末を安い値段で売りさばいて、在庫一掃したと言われています。

もう一つが、インドネシアの例でお話ししたような通信行政に絡む不明瞭なお金の問題です。京セラは、お金の流れにかなり厳格で少額であっても、なぜ支払いが必要だったのかを厳しく問います。

では次にどこへ行くか。候補は中国とインドです。人口が多いので市場も大きい。お金の回収は厳しく追及されます。中国とインドのどちらが難しいか。京セラという会社は、良くも悪くも利益にはシビアです。商品を何十億、何百億円と売っても、2、3000万円でも未回収金が生じると、社内から突き上げを食らいます。中国のお金の回収は簡単ではないことが分かっていました。インドはどうか。いろいろな人に聞いたのですが、誰もが「中国よりももっと難しいですよ」。それなら中国にしようか。どちらかと言えば後ろ向きの選択でしたが、わたしは覚悟を決めました。商談が成立したら「お金を先にもらう」と。

遠くでみると法輪功、近くでみると小霊通

当初PHSは中国には京セラ、NEC、パナソニックが中国に進出しました。基地局の

出力は京セラが５００ｍＷ、ＮＥＣとパナソニックは公称２００ｍＷです。ワット数が大きいほど、一つの基地局がカバーできる範囲が広くなります。

国内のＮＴＴの基地局の多くは公衆電話ボックスの上に建っていました。それが大量に余ったため、中国に持ってきたようです。しかも公称２００ｍＷと言っていましたが、当時感じていたのはもっと低くて10ｍＷほどではないかということです。

彼らは余杭市（現在の浙江省杭州市余杭区）でテストをしていたのですが、奇妙なものでした。

ＰＨＳを使って電話をかけようとしている人の姿を遠くで見ると、電波をつかまえるために動きまわっている姿がまるで踊っているように見えました。

「遠くでみると法輪功、近くでみると小霊通（シャオリントン＝ＰＨＳの中国名）」

中国の人たちは、と笑っていました。法輪功は中国の伝統的な健康法である気功です。ＰＨＳの電波が弱く、電波をつかまえるためにくるくる回ったり、体をくねらせたり、腕を振ったりする。それが法輪功のようだと言うのです。

京セラの場合、ＰＨＳ端末の出力が10ｍＷ、ＰＨＳ基地局の出力が５００ｍＷでした。これでだいたい1キロメートルの範囲をカバーできました。それでも中国は国土が広いので基地局の数も膨大なものになりそうですが、人が住んでいないエリアも多いのです。地図上に電波がカバーしていない穴があったとしても、人が住んでいなければ問題ありません。

弱点は一つの基地局で3人までしか話せないことでした。A基地局で3人が話をしていたら、4人目の人は通話ができません。この問題も徐々に解決され、PHSは端末と通話料金が安くて、端末が小さくて、通話の品質が良く、電池が長持ちするという長所が受け入れられていきました。

長所の中では通話料の安さが一番でした。携帯電話のGSMの通話料は高く、収入が低い農民などは働いて得たお金を全て通話料に吸い上げられる感覚だったはずです。中国の人は話が長いのです。通話料はバカになりません。

この当時日本の固定電話の普及率は一般家庭に限れば100%に近かったと思いますが、中国の地方都市の家庭は、あまり固定電話が引かれていませんでした。電話局の方も通信ケーブル（銅製の電話線）を敷設しなければならない固定電話には、あまり積極的ではありませんでした。コストがかかることはもちろんですが、「電話線が盗まれる」からです。

その点、無線なら基地局の周りをガードしておけば盗難の心配はありません。電話局にとっても欲しい商品でしたが、問題は「遠くでみると法輪功、近くでみると小霊通」とまで揶揄された〝電波の飛び〟です。他社のPHS基地局は出力が小さいので、車で移動しながら通話をしていると、Ａ基地局からＢ基地局へ、Ｂ基地局からＣ基地局へと移動中に切り替える「ハンドオーバー」が頻繁に起こって切れてしまうことが多かったのですが、京セラは出力が大きいので途切れずに通話ができました。

京セラが開いたＰＨＳの説明会では、

「お前のところのＰＨＳも〝法輪功〟なのか」

などと冷やかされましたが、

「あれとは違う」と説明して納得してもらったものです。

ＰＨＳは農村部に普及させる

最も多く説明会を開いたのは北京です。北京の国家発展改革委員会や信息産業部（当時の日本の郵政省に相当、現在は工業和信息化部）の若いエリートたちにＰＨＳのメリットを繰り返し説きました。

わたしはこう訴えました。ＰＨＳが中国の人々にもたらすメリットはたくさんある。だからといって、政府が都市部で推進しているＧＳＭネットワークと競争するつもりはない。地方や農村部での普及に努めるので、「ＮＯ」と言わないでください。

最初の契約者ZTEの候為貴総裁

最初は「NO」でした。「PHSをやめよ」とまで言われました。「PHSを推進している人たちにとってPHSは脅威です。通話品質が抜群に良く、端末の価格が安く、小さく薄く軽く、電池が長持ちする。基地局は多く設置しなければなりませんが、価格は圧倒的に安い。それでもGSMのほうが自分たちにとってのメリットがあるため、PHSの普及は阻止したい。だから「NO」なのです。

この時に「NO」と言っていたのは北京の信息産業部でした。ここは1998年に行政機構の再編成により郵電部、電子工業部、国家無線電管理委員会が統合して成立した部署です。わたしは200

万台の端末の輸入（京セラから見ると輸出）を許可してもらうため、ＰＨＳとは何か、どのような良さがあるのか、導入すると利用者はどのような恩恵を受けるのかを詳細に、繰り返し説明したのですが、返事は常に「ＮＯ」でした。

誤解のないように付け加えると、北京には売り込みをしていません。ＰＨＳというシステムの素晴らしさの説明だけに努めました。

それが後に功を奏することになるのです。

ＰＨＳ売り込みの本命は地方都市の電話局長

京セラによるＰＨＳの市場開拓は、毛沢東戦略による拡大を想定していたので、政治の中心地であり大都会の北京を落とすのは最後にして、まずは地方都市を攻めるつもりでした。そのため、ＰＨＳの売り込み先は北京ではなく、杭州や成都といった地方都市で電話事業を営む局長たちです。彼らは、日本でいうと以前存在した特定郵便局長のような地域の名士人たちです。彼らは現金を持っているので、信息産業部の「ＯＫ」をもらえなくても直接売ることはできたのですが、なにしろ２００万台も輸入するのですから、北京を通した方がいいという判断です。そうすれば地方から北京へ稟議書が上がったときもスムースにことが運ぶでしょう。

信息産業部はいい顔をしなかったのですが、先にお話したように余杭市の局長などは人口が少なくて目立たないということもあったのでしょうが、北京の意向を無視してPHSを導入してくれました。中国には「上有政策下有対策」という言葉があります。国に政策があれば、国民はその政策に対応するという意味ですが、それは北京と地方にも当てはまり、**「北京に政策があれば、地方には対策あり」とばかりに、北京対策をどんどん打ち出していったのです。**

三国志の舞台を見てみたかった

京セラの戦略として、最初の攻略地方は四川省の省都・成都市に決めました。これも「農村が都市を包囲する」という毛沢東戦略の一環ですが、わたしが「三国志」が好きだったという理由もありました。成都には劉備玄徳、諸葛亮孔明らの英雄たちが住んでいたとされていて、一度この目で見てみたかったのです。

もちろん私情だけで決めたわけではありません。当時、西部大開発が叫ばれていて、成都、西安は基地的な都市でした。

地震で被災した青海省でハリウッドスターのジェット・リー氏と

中国市場を開拓する場合、中国国内のどの企業と組むかということが重要になります。当時、中国製の携帯電話はデザインも技術も遅れていて、ＺＴＥ（中興通訊）が少しマシだったくらいです。

余談になりますがＺＴＥは２０１８年4月、イランと北朝鮮に対する禁輸措置に違反したとして、米国商務省がクアルコムやグーグルなどの米企業との取り引きを制限され、基幹部品の調達ができなくなりました。３カ月後の7月、制裁解除の条件である罰金の支払いや経営陣の刷新を終えたことで取引が再開されましたが、巨額の損失を抱えてしまいました。ＺＴＥに次いで標的にされたのがファーウェイだったわけです。

華北、華中、華南の会社と提携

話を戻して、わたしは中国の市場を三つに分けました。それは、華北、華中、華南です。華北の取引相手は青島にある米国の通信機器メーカーであるルーセント・テクノロジー（後にノキアが買収）と提携も決めました。中国政府からクレームを付けられたら、米国資本のルーセントを表に出すことで風当たりを弱めることができます。

華中はＵＴスターコムという会社と組みました。これは中国人起業家によるベンチャー企業です。今でこそ名の知れた通信インフラプロバイダーですが、当時は、技術力もなく、ただ売るだけの会社でした。そこで、中国政府から何か言われたときに中国のベンチャーという立場を表に出してかわすつもりでした。

華南は深圳にいたＺＴＥと組んだわけです。このときの選択肢はＺＴＥかファーウェイかでした。それで経営状態を調べたところ、ファーウェイには売上高を大きく超える借金がありました。ＺＴＥの売上高はファーウェイの４分の１でしたが、きちんと利益を出していました。それと候為貴総裁の人柄でした。彼の真摯で誠実なたち振る舞いに私が感銘を受けたからです。それでＺＴＥを選びました。

中国移動副総裁の李慧迪氏と

日本へ戻りその報告をすると、

「なぜファーウェイと組まないのだ？」

と本社の専務からクレームを受けました。売上高でしか会社を見ていないのです。

「いや、ファーウェイ危ないですよ。もしファーウェイを選んで未回収金が出たら、誰が責任を取りますか？」

京セラ文化が素晴らしいのは、「責任を取る」人間がリーダーになるところです。専務が「俺が責任を取るからファーウェイにしろ」と言えば、ZTEとの取引は流れたのでしょうが、そうは言わなかったし、以後、横から口出しをしなくなりました。しかし、ファーウェイがここまで大きくなるとは想像できませんでした。

結果としてZTEを選んだのはよかったと思っていますが、価格交渉はとても大変でした。その話は別の章で紹介します。

3社とファーウェイ以外にも候補がありました。中国電信科学院を母体に発足した北京の通信インフラ設備の大手・大唐電信、郵電部傘下の国有企業8社を糾合した巨竜通信設備といった企業規模や安定度でいえばずっと上位の企業です。それらを残したのは、京セラ以外の日本企業と提携して欲しかったのです。わたしが取引を決めた3社の売上高は300億円規模。これだけでは中国政府への圧力団体としては弱いのです。ライバルになってもいいからと日本企業に期待したのですが、残念ながら、みんなわたしの後ろについて来るだけでした。

こんなことがありました。ある日本のライバルメーカーの責任者が京セラへ電話をかけてきました。

「山口さんは今、中国のどこに行っていますか？」

するとと京セラの馬鹿正直な社員が、

「ZTEに行っています」

と教えてしまう。

すると、ライバルメーカーもZTEを訪問して取引を持ちかける。もしわたしの後を追わずにファーウェイなり、大唐電信、巨竜通信設備なりと交渉していれば、中国のPHS市場はもっと巨大市場になったと思います。しかしそこまで考えずに、目先の10億円、20億円の受注で満足していました。これも残念なことのひとつです。

FAXで届いた3万台の注文

地方の人たちがPHSに注目した理由はこうです。

GSMは当時、旧郵電部系の中国電信から分離した中国移動通信（チャイナモバイル）と旧電子工業部・鉄道部等が設立した中国聯合通信（チャイナユニコム）が手がけていました。

PHSは固定電話の延長線上にあるという位置付けで、固定電話会社の中国電信（チャイナテレコム、南部の21省市自治区がエリア）と中国網絡通信（チャイナネットコム、北部の10省市自治区がエリア）が手がけようとしていました。携帯電話サービスは元々中国電信によって提供されていたのですが、携帯電話サービスが切り出されて中国移動通信となった経緯があります。日本に置き換えると、NTTが携帯電話会社としてNTTドコモを設立し、ＮＴＴ自体はＰＨＳの普及に努めていたというふうにイメージするとわかりやすいかもしれません。

さて、地方の電話局は固定電話の普及に努めていました。ところが固定電話収入が一向に伸びない。なぜなら、中国の家庭は共働きが当たり前ですから、家に固定電話を引いても、使える時間帯は夜しかないのです。

それなのに電話料金を払い続けなければならない。それならいつでもどこでも電話ができる携帯電話の方がいいと誰でも思うわけですが、高額な端末の価格と通話料という大きな問題がありました。

それを解決したのがＰＨＳだったのです。地方の安い給料で働く人や農家の人でも簡単に買えるし、通話料も安い。ＰＨＳ端末にはトランシーバー機能があって、20〜30メートルの範囲なら無料で通話ができます。遠くで農作業をしている人を呼ぶとか、隣の家に行っている母親を呼び戻すとか、そのくらいの通話ならお金がかからないというところも強みになっていました。

そうした強みが次第に知れ渡り、少しずつ普及していきました。余杭市に1万台普及すると、隣の市の電話局員たちが自分の局長を突き上げて、導入を求めます。

駐中特命全権大使の宮本雄二氏と

PHSを導入した電話局は、短期間に5万台、10万台と契約者を増やしている。それを見て、隣の電話局、その隣の電話局と、連鎖的に増えていきました。

「隣はPHSを入れたおかげで収入がポンと上がった。うちは横ばいのまま収入が何も増えていない。これでは俺たちの給料も増えないではないか！」

局長だってもうけは欲しいから、「それなら、ちょっと入れてみようか」と注文を出す。すると利用者の評判がいいので、すぐに2万台、3万台という注文がFAXで届くようになりました。

PHSは評判を呼び、電話局や通信関連の業者向けPHSセミナーを開くと、簡単に200人くらいは集まりました。

そこでわたしが講師となってＰＨＳの仕組みを解説しました。

商社を介している他社の説明会では、商社の人がＰＨＳの優位性だけを強調して話します。技術的なことはわからないので、質疑応答も通り一遍で終わらせます。あるいは最初のあいさつだけ営業部長がして、あとは下の人間に任せてしまいます。

京セラは講師が京セラ本社のしかるべき地位にいる人物であること（本気で売りたいというメッセージになる）、技術者でありＰＨＳにも詳しいこと、デメリットも含めて正直に伝えました。**参加者は通信の専門家ですから突っ込んだ質問も多いのですが、質疑応答の時間を十分にとりました。**

最初に「質問があったら最後の一人まで答えますから。質問のない人は途中で帰ってもらって結構です」と話し、最後の一人の質問まで丁寧に答えました。途中で帰る人はほとんどいませんでした。中国のエンジニアは新しい情報に飢えていて、一生懸命メモを取っていました。そんなびっしりとノートに書いたら読みにくいんじゃないのと冷やかしたくなるくらい真剣でした。この人たちは後に、それぞれの会社で責任のある地位に就いていきました。

このような**セミナーを繰り返し開くことで、ＰＨＳの悪評を払拭し、京セラ製ＰＨＳのファンを増やしていくことができました。**

生産ラインの確保に苦労

成都で開催したセミナーには、成都だけでなく、周辺の綿陽などからも人が集まって来ました。局長自ら参加して、セミナーが終わると「基地局を５０００台と端末を2万台、すぐ入れてくれ」と頼まれたこともありました。

本当なのかと少し疑って「正式な注文書をすぐに出せるのか？」と聞くと、相手は前のめりになって「すぐに出す」というのです。

今度はこちらがあわてる番です。

「生産工場に注文を流すためには、いくつかの手順をふまなければならないので、少し待って欲しい」

「いや明日、遅くてもあさってには欲しい」

こちらの都合を少しも考えてくれない。ありがたいけれど、わがままなんです。

「まあまあ、セミナーが終わったばかりでわたしらもお腹が空いているから食事に行きましょう」

と誘って、頭を冷やしてもらう時間を作って、

「明日あさってというわけには行かないが、出来るだけ早く納品できるように努力する」

と話して納得してもらいました。

でも、大変なのはこの後です。

工場には生産計画ができています。今日5千台、明日5千台、あさって5千台という生産計画の中で、新たに2万台の注文を滑り込ませるためには、4日分くらいの生産枠を確保しなければならない。そうなるとどうしても納品は2~3カ月先になる。相手は「それでは遅い」と納得しないので、生産の仕組みから懇々と紙に書いて説明して、最大限努力をして2~3カ月先であることを理解してもらいました。

注文書の限度額は9億9999万円

京セラのアメーバ経営では「時間当たり採算」を重視しています。

時間当り　＝　1時間当たりの付加価値

つまり、社員の1時間の労働の中で、どれだけの価値を生み出すことができたかを計算するわけです。

そこで社員が創意工夫して、①売上（総生産）を上げる、②経費を下げる、③総時間を減らす努力をして、時間当たりを高めるわけです。

時間当たり ＝ 売上総生産－経費 / 総時間

この計算式に当てはめて計算して、「今月、Ａ部署は一人当たり1万5000円でした」「Ｂ部署は3万円でした」というように月初の朝礼で公表します。

わたしの部署はおそらくそういうところの100倍くらい数字が良かったはずです。ひと月目の「時間当たり」が発表されたとき、ザワザワザワとしましたから。２カ月目からは誰も何も言わなくなりましたが、コンスタントに他部署の100倍の数字を出していたから当たり前になってしまったのかもしれません。

「時間当たり」が高い理由の一つは、少ないメンバーで営業活動をしていたことが挙げられます。売上がゼロから始めたので、少数精鋭でやるしかありません。日本人はわたしともう1人。5人は中国人です。7人で何百億円の取引をしていたので、「時間当たり」がすごい数字になるわけです。

ある時は、注文額が大きくて困ったことがありました。当時の京セラの注文書のシステ

駐日中国大使の崔天凱氏と

ムは、9億9999万円までしかインプットできないのです。そこに50万台注文が来ると、システム上注文を受けられない。「なんとかして欲しい」と本社の経理に訴えると、「注文した人に伝票を割ってもらってください」と。つまりお客さまに1枚の伝票の金額が9億9999万円に収まるように複数枚書けと言っているわけです。

さすがに気に障って稲盛さんに言いました。

「機嫌良く注文を出してくれたお客さまに、システムが受け付けないから複数の注文書を書いてくださいなんて頼めますか?」

そんなシステムになっていたことを知

らなかった稲盛さんは烈火のごとく怒りました。

「すぐに直せ！」

稲盛さんが怒る前までは、経理の連中は「いやあ、改修するには1年かかります」なんて言っていたのに、即日改修されました。

京セラほどの大企業の伝票の金額が9億9999万円というのは小さすぎると感じるでしょうが、これまで扱っていた電子部品は1個あたりの単価が何円とか何銭と安いのです。もちろんトータルでは大きな金額になりますが、部品ごとに伝票を切るので、これまで問題になったことはなかったわけです。PHSは最低1万円からなので、10万台の注文が通らないのです。

朱鎔基元首相がNOから黙認へ

わたし自身は1995年からPHSの営業に関わり始めて、中国各地で普及の実績を背景に、国家発展改革委員会の若いエリートたちや信息産業部に対しては、各地方でPHSが使われていることを伝え、その普及の波を止めないようにして欲しいと訴えました。それが先に紹介した「NOと言わないで欲しい」という要望です。

ところが当時の朱鎔基首相は「電波を使わせるな」と強硬でした。中国は密告社会ですから、朱鎔基首相の元へでたらめな内容の密告がいくつもあったようです。

わたしが直接説明したわけではなく、担当を通してですが、1回目の説明でもだめ、2回目の説明でもダメ。ところが3回目の説明で空気が変わりました。朱首相は非常に頭のいい人なので、利用者がPHSを求めていることを察したのでしょう。

すぐに幹部を呼んで「PHSは、わが国の通信政策に害をもたらすのか?」と聞いたそうです。

PHSを農村や出稼ぎの人に普及させることの意義を理解していた幹部は、

「実害はまったくありません。特に農民工のように地方から出てきた出稼ぎの人たちは、地方に残っている家族や友人と固定電話では話しにくい。それに貧しい農民が上海のような都会へ出稼ぎに来て、手に入れられる通話手段はPHSしかない。携帯電話は高すぎてとても買えないし維持できません。PHS以外に彼らは連絡する方法がないのです。PHSは中国にとって大きなメリットがあるシステムです」

という趣旨の主張をしてくれました。

こうした内々のやりとりは表には出ませんが、わたしは北京でもPHSのセミナーや展示会を何回も開き、北京のエリートたちを招待して親しくなっていたので、北京の態度が変わってきたことが感触でわかるのです。それをせずに表の情報だけを追っていると、北京はＰＨＳに否定的であるように見えてしまう。だからＡ社は新聞の情報を信じて、市場がなくなると読んで撤退を発表しました。

実は、撤退発表前に、わたしのところにも北京の感触を聞いてきたのです。しかし京セラの社員という立場上、情報を漏らすわけにはいきません。

「ご自分で判断されたらいいじゃないですか」

と言うにとどめました。

撤退を発表した後に、北京はＰＨＳを認めるという情報が流れて、Ａ社の担当者は「しまった！」と言っていました。「山口さんが情報を教えてくれれば、わたしもやっていたのに」と恨み言を言われましたがビジネスです。仕方ありません。

一物一価が崩れ始める

わたしはほぼ中国全土を回りました。ただ残念なことに、京セラの中国人の営業マンは優秀でしたが5人しかおらず、絶対的にマンパワーが不足していました。そのため、チベットと東北の三省（黒竜江省、吉林省、遼寧省）の一部の都市には行くことができませんでした。

京セラ製品はルーセント、ＵＴスターコム、ＺＴＥの３社を通じて供給していたのですが、３社は顧客の情報をあまり持っておらず、営業にも消極的で、ほとんどの注文は、わたしが地方都市を回って、ＰＨＳとは何かという講習をして得たものです。

「今に成都で10万台の端末のオファーがありますよ」

そう伝えると、営業がすっ飛んでいく。３社のＰＨＳは京セラ製ですから、どこから買っても同じものです。

やっかいだったのは、他の日本企業が相手の要求を容易に飲んでいたことです。わたしは「一物一価」という考え方だったので、ＰＨＳ端末は１台１００ドル、ＰＨＳ基地局は1局28万円と決めて、「イエスかノーか」という交渉をしていたのに、別の者が注文欲しさに値段を下げてしまった。一度要求を呑むと、相手に〝値下げ要求癖〟がついて際限がなくなります。

わたしは国家発展改革委員会などの意見も織り込んで戦略的にＰＨＳ市場を拡大していく作戦だったのに値下げ合戦になって方向を誤り、中国の通信業界から総スカンを食らったのです。中国の通信機器メーカーはＰＨＳの技術を持っていないのでＰＨＳを潰すチャンスを狙っていました。だからガセネタを流す。日本の新聞にも「中国のＰＨＳは中止になる」というガセネタが載りました。

わたしのところにもＰＨＳ事業を続けていいのか判断がつかず、何人か電話がかかってきました。「心配ならやめられた方がいいですよ」と応えたら、本当にやめたところがありました。

ＰＨＳが伸びなかった大きな理由は〝足の引っ張り〟合いです。中国は密告社会ですから、「ＰＨＳはけしからん」という密告が、先にお話したように朱鎔基首相のところまで上がりました。

中国の担当者の気持ちを変えた出来事

話を戻して、中国の担当者の攻略法をお話ししましょう。

信息産業部の幹部も「ＮＯ」と言ってどうにもならなくなっていた時、わたしは中国電信の北京のトップの女性に面会を求めました。日本に置き換えると、郵政省がＮＯなので、ＮＴＴのトップに会いに行ったわけです。

もちろん、中国電信の答えも「ＮＯ」。想定内なのであきらめず、中国出張の際は必ず手土産の化粧品を持ってトップの女性を訪問した。

「何回来てもダメよ」

というのですが、手土産は受け取ってくれます。

4回目の訪問あたりから風向きが変わってきました。

「山口が言ったことについてNOとは言わない」

「YES」ではないけれど、「NO」でもない。これでずいぶん楽になりました。

ここで誤解のないように付け加えておきますが、トップの女性は化粧品をもらったから「NO」と言わなくなったのではありません。断られても何度も通ってPHSの良さを説明する熱意を評価してくれたのです。ここを見誤って、賄賂を渡せばなんとかなると考えると、大きな過ちを犯すことになります。

もちろん、幹部にも、PHSについて、**根気よく何度もレクチャーをして「モノ自体はいい」ことを理解してもらったことは言うまでもありません。**

「御社のモノがいいのはわかっているけど、上がダメと言っている」

「上」のせいで商談がストップすることは、日本でも中国でもよくあること。現場を説得しつつ人間関係を構築する一方、上に何度も面会して熱意を伝え、「NO」を撤回しても面子が立つような環境をつくる。中国人相手の商談では、面子を重視することが重要です。

中央と地方の両方を抑える

中国に商品を売り込む場合、気をつけることは、信息産業部という中央の指示系統と、行政という地方の指示系統の二つがあるということです。政策は中央にあり、お金は地方にあります。そのためわたしは、信息産業部へ説明に行くと、必ず行政にも説明に行きます。この二つを抑えないと、売り込みは成功しません。PHSのライバル会社は数多くありましたが、そこまで理解して売り込みをかけていた会社はありませんでした。

「上有政策下有対策」ですが、地方は表面上、中央に逆らわないという「面従腹背」にも読めますが、実際にはもっと過激です。中央が「PHSをやめよ」と1対1の指示を出していたなら別ですが、全体に出した指示であれば「なぜだ?」と反発する。

なにしろ彼らは、利用者が農作業をする時でもPHSを腰のポケットに入れて、電話をありがたがって使っていることを知っています。おかげで固定電話だけの時代よりも収益も上がっている。それを明確な理由もなく「やめよ」と言われれば怒りたくもなります。

もっとも中央も巧妙です。朱首相の命令は、厳密には「NO」ではないのです。**「害があるのならやめよ」。あとは忖度して行動せよということでしょうか。**

中国ではPHSが1億台普及

PHSの加入台数は日本が1997年度末時点で約673万台（総務省調べ）とピークに達したのに対し、中国は2006年に1億台を超えました。

そのままの勢いで販売を拡大していけば2億台に達したと思うのですが、中国政府は途中でPHSではもうからないと判断して、GSMを普及させる方針に転換しました。

もうからない大きな理由は、電話会社がシェア拡大をもくろんでPHSの値段を安く設定して、収益があまり上がらない構造にしてしまったからです。日本の場合、収益が上がらなければ電話会社が困ることになり、総務省に直接の影響はありませんが、企業は実質的に〝国営〟の中国では、中国政府の収入が減ってしまいます。

当時、わたしはPHSの〝宣教師〟として、中国全土を巡りました。未踏の地としてはチベット、東北三省のロシア側の都市を残すくらいでした。PHS市場はもっと拡大できるという自信があったのですが、京セラ本社から「太陽光パネル事業を担当して欲しい」という打診を受けたのです。

京セラの太陽光発電の歴史は古く、75年から太陽光発電システムの研究開発に取り組ん

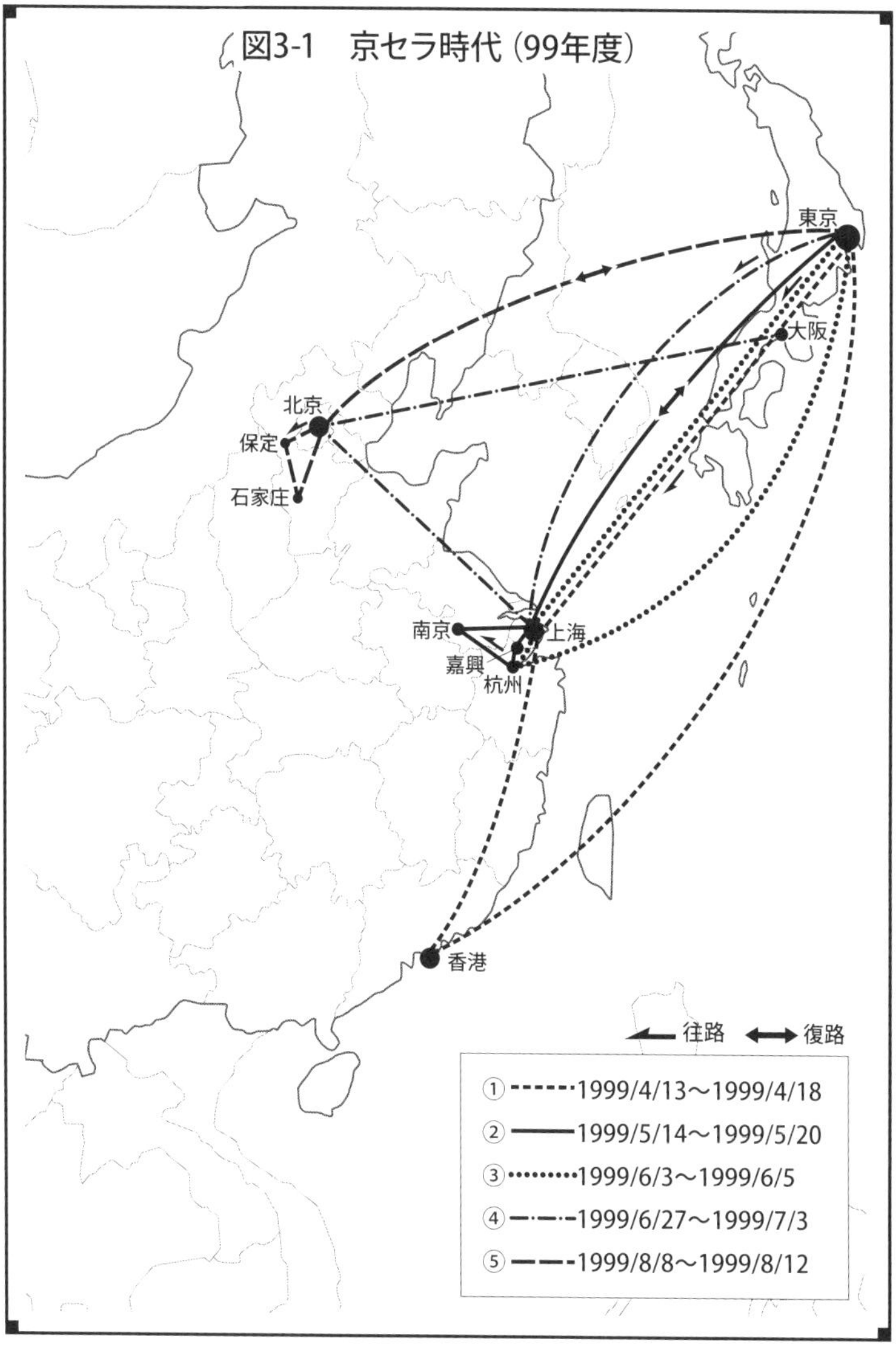
図3-1　京セラ時代 (99年度)
東京
大阪
北京
保定
石家庄
南京
上海
嘉興
杭州
香港
往路
復路
① 1999/4/13〜1999/4/18
② 1999/5/14〜1999/5/20
③ 1999/6/3〜1999/6/5
④ 1999/6/27〜1999/7/3
⑤ 1999/8/8〜1999/8/12

でいます。84年に太陽光発電の〝実物ショールーム〟「佐倉ソーラーエネルギーセンター」（千葉県佐倉市）を設立、93年には日本で初めて住宅用太陽光発電システムを発売しました。

このように太陽光発電は京セラの中では実績のある事業なのですが、今後の競争激化に備えて担当して欲しいというわけです。わたしとしてはＰＨＳをもっと伸ばしたいという気持ちが強くありました。ＰＨＳは日本が唯一、世界に打ち出した通信システムです。もっと大事に育てなければならないと心から思っていました。そのため太陽光パネル事業の打診を断り、京セラを離れることになりました。これが大きなＰＨＳの転機となり、ＰＨＳの女神はすっと目の前から消えていきました。つい最近までつかんでいた女神の髪は我々の手から抜け去っていったのです。

これまでのインドネシア、タイ、ベトナムなどの営業活動――売り込み――を改め、啓蒙活動を徹底することにしました。「ＰＨＳの魅力を知ってもらう」ために、ひとつ上の立場で活動することにしたのです。

通信は一国の政治活動、経済活動の中で最も重要なもののひとつであり、他国で開発された通信システムをそう簡単に採用するものではありません。日本国内で数百万台しか売れなかったものを1億台、2億台と売るには、それなりの戦略が必要となります。

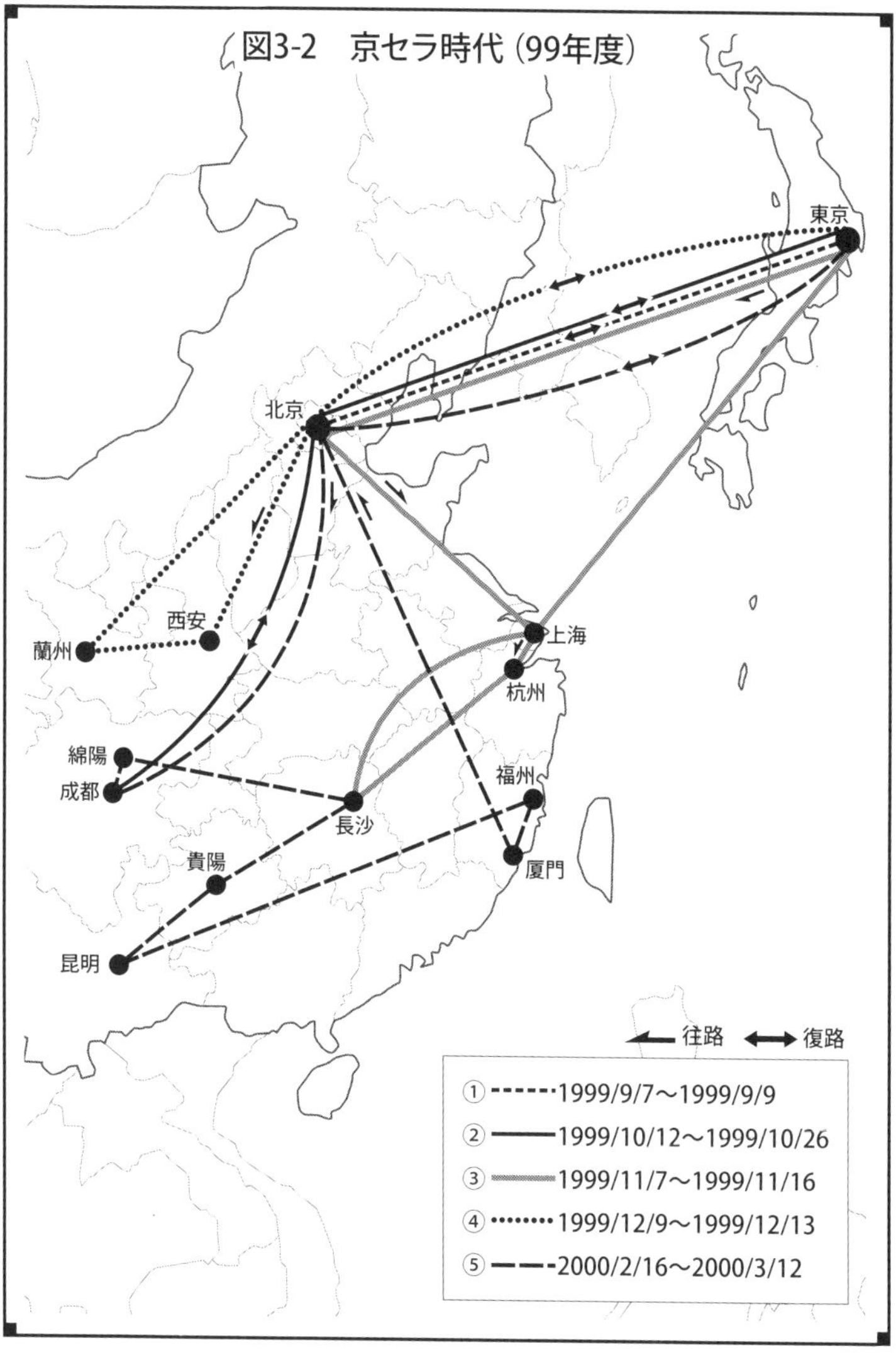
図3-2　京セラ時代（99年度）
東京
北京
西安
蘭州
上海
杭州
綿陽
成都
福州
長沙
厦門
貴陽
昆明
往路
復路
① 1999/9/7～1999/9/9
② 1999/10/12～1999/10/26
③ 1999/11/7～1999/11/16
④ 1999/12/9～1999/12/13
⑤ 2000/2/16～2000/3/12

携帯の第2世代、つまりGSM、第3世代のCDMA2000を中国はキーファクターとして有効に活用しました。

「中国にとってPHSは何のメリットもない。日本をもうけさせるだけだ」というのが中国政府の考えでした。それならば、中国にとってPHSはどこにメリットがあるのか。キャリア、メーカー、ユーザーのそれぞれの観点から見たときにPHSはユーザーにメリットがあります。これを認めさせるには水面下の折衝が必要でした。

システムが秀れているだけでは通用しない。これまで日本がやったことのない啓蒙活動、ロビー活動が必要でした。

わたしが中国への啓蒙活動を開始したのは、1997年からでした。

北京、上海をそれぞれ訪れたのは、この二大都市の幹部たちに、PHSの普及について「反対」させないためでした。幸いにも、各都市のトップは優秀な人が多かったので、理解してもらいました。北京と上海にPHSを導入させるのは最後の最後の段階でした。

98年は台湾の台北にもPHSを導入させるための活動をしました。これは比較的にスムースに導入できました。

珠江エリアも人口が多いので、しっかりと啓蒙活動を進めた記憶があります。

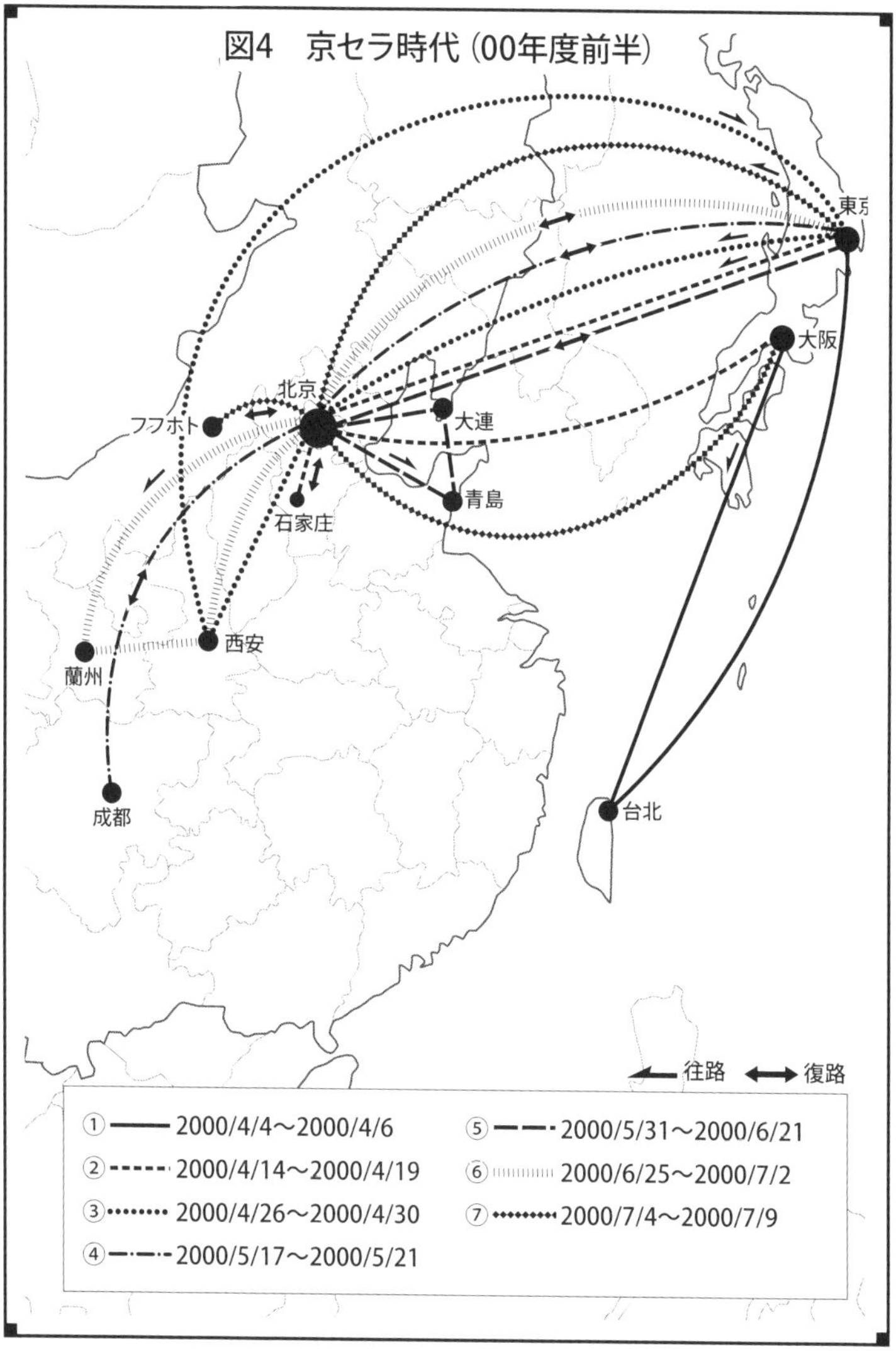
図4　京セラ時代（00年度前半）
東京
大阪
北京
大連
フフホト
青島
石家庄
西安
蘭州
成都
台北
往路
復路
① 2000/4/4～2000/4/6
② 2000/4/14～2000/4/19
③ 2000/4/26～2000/4/30
④ 2000/5/17～2000/5/21
⑤ 2000/5/31～2000/6/21
⑥ 2000/6/25～2000/7/2
⑦ 2000/7/4～2000/7/9

残念だったのは香港です。中国に返還されたばかりの香港には可能性を感じて打診しましたが、所得の高い人が多く、ＰＨＳのメリットは理解されませんでした。

１９９９年から本格的に「啓蒙活動」をすることにしました。その年は9回も訪中しています。翌年は13回も訪れています。これはわたし自身が直接訪問した回数です。先方との下準備や受注後の機器の手配の後処理で、中国常勤の他のスタッフも営業活動を行っていました。２００１年は前年よりペースが落ちましたが、それでも5回、02年はまた増えて17回訪れています。

印象深いのは２０００年の訪中です。2月16日から3月12日まで成都を訪れたのを皮切りに、綿陽、長沙、貴陽、福州、厦門と中国の西部、東南部の啓蒙活動に精を出しました。また5月31日から6月21日は、東北部の青島、大連を訪問し、ＰＨＳを普及させました。訪中の際に北京が多いのは、「中央」からＰＨＳに対して「ＮＯ」を言わせないためと、中国サイドの代理店であるＺＴＥ、ルーセント、ＵＴＳとの打合せを頻繁に行ったためです。中国各地で必要なＰＨＳの台数はわたしのところでほぼ正確に把握していました。結局、**１４５都市を訪問したＰＨＳの啓蒙活動は、成功したと思います。**

代理店との打合せでありがたかったのは、場所として、北京を指定しても、代理店の3

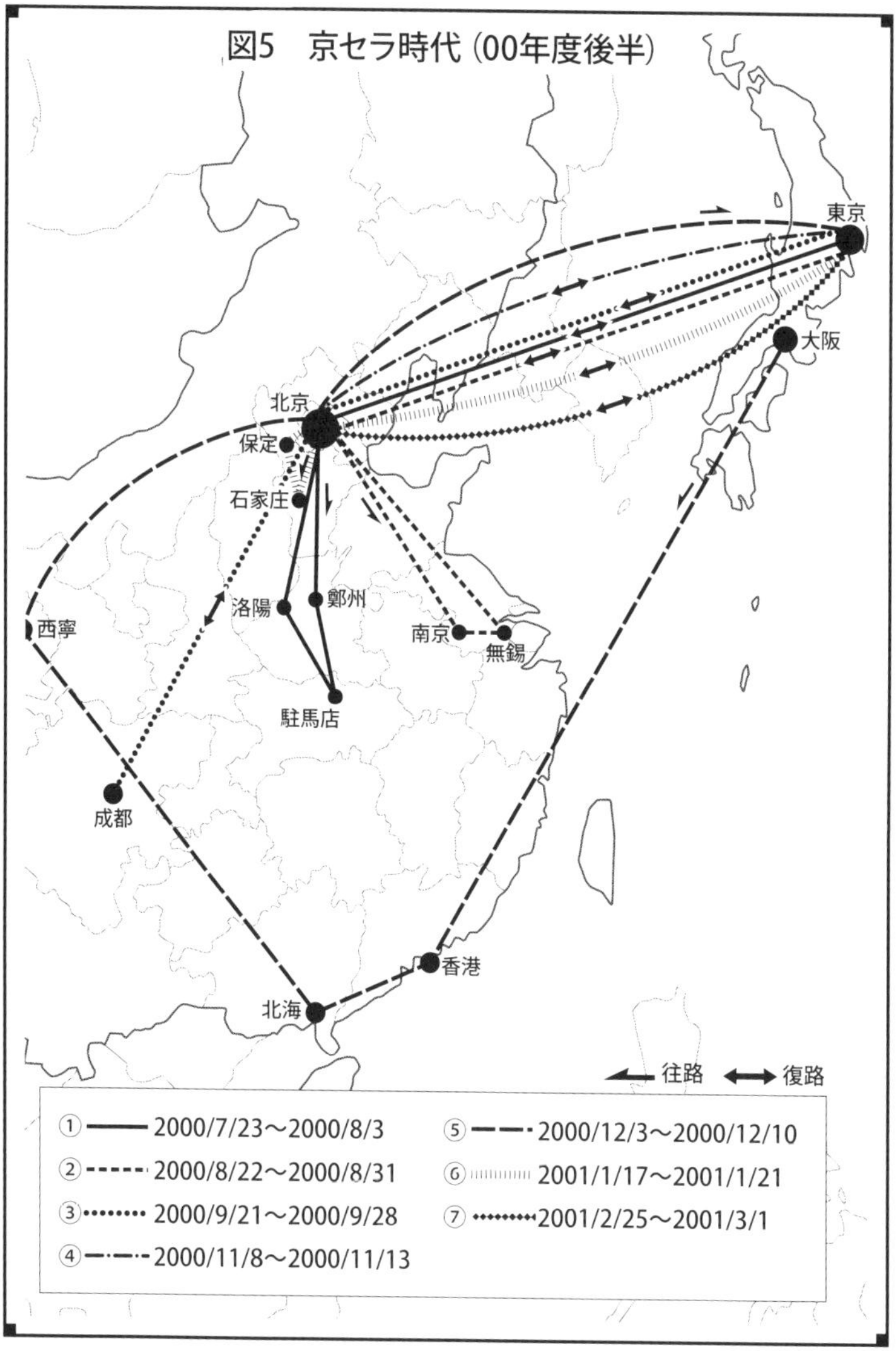
図5　京セラ時代（00年度後半）
東京
大阪
北京
保定
石家庄
洛陽
鄭州
南京
無錫
西寧
駐馬店
成都
香港
北海
往路
復路
① 2000/7/23〜2000/8/3
② 2000/8/22〜2000/8/31
③ 2000/9/21〜2000/9/28
④ 2000/11/8〜2000/11/13
⑤ 2000/12/3〜2000/12/10
⑥ 2001/1/17〜2001/1/21
⑦ 2001/2/25〜2001/3/1

社は労をいとわずに来てくれたことです。ルーセントは青島、ＺＴＥは深圳、ＵＴＳは杭州から、文字通り「飛んで」来てくれました。彼らにとって打ち合わせが、それだけの価値があったためだったと思っています。

わたしがＰＨＳビジネスから離れた後になりますが、中国のＰＨＳは１億台販売を境にして、台数増加が止まりました。残念なことですが、わたしが引き続き続けていたら、サブスクライバー（継続して使い続ける人）の数は２億人を超えていたと思います。プレーヤー（取り扱う会社）もＺＴＥ、ルーセント、ＵＴＳから２～３社は増えていたでしょう。日本にとっては、世界で唯一勝負できるＰＨＳでしたが、途半ばで瓦解してしまったのが重ね重ね残念です。

図6　京セラ時代（01年度）

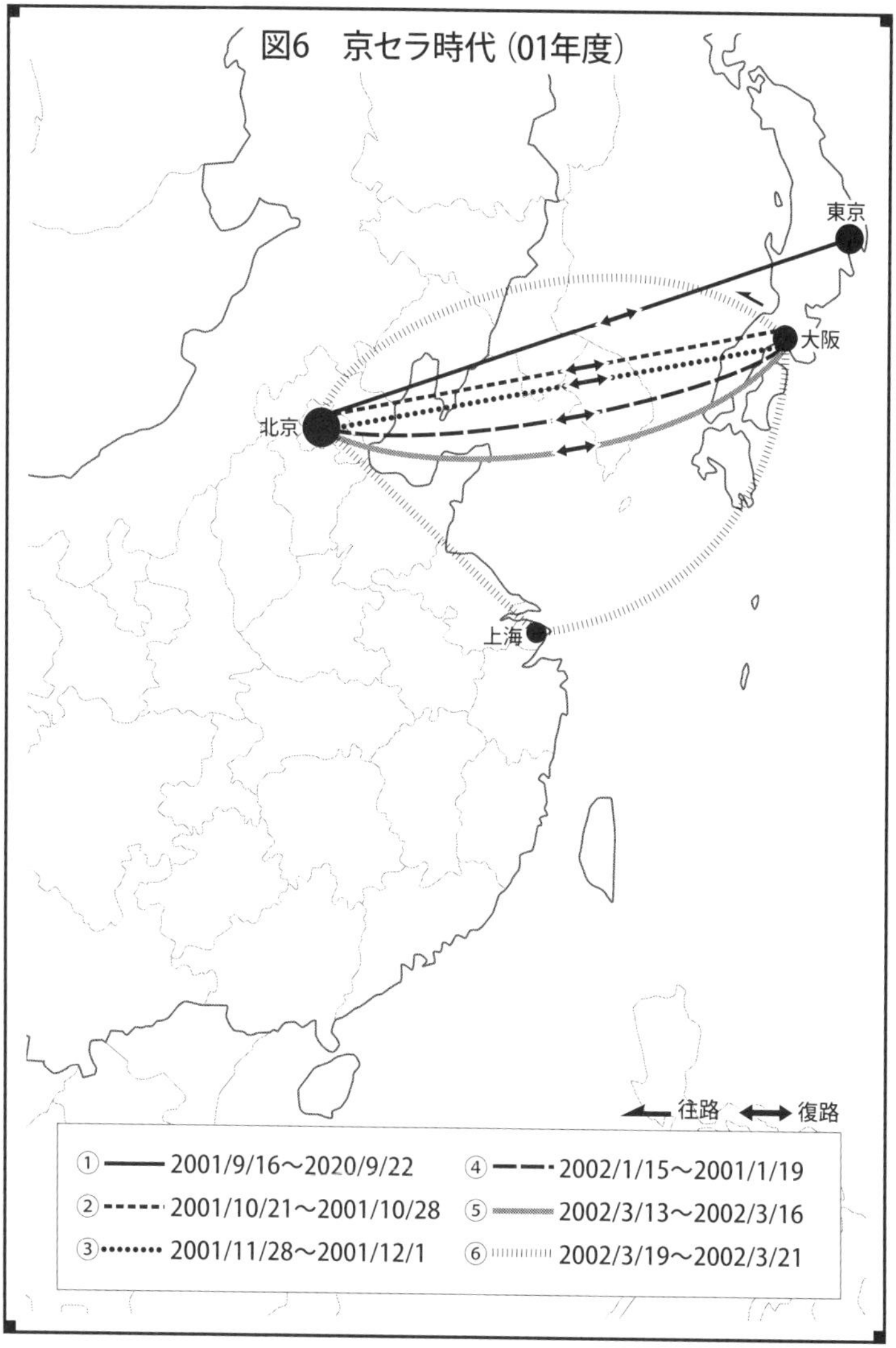
東京
大阪
北京
上海
往路
復路
① 2001/9/16～2020/9/22
② 2001/10/21～2001/10/28
③ 2001/11/28～2001/12/1
④ 2002/1/15～2001/1/19
⑤ 2002/3/13～2002/3/16
⑥ 2002/3/19～2002/3/21

第2章

エンジニアとして社会に飛び込む

九州工業大学制御工学科へ入学

わたしには中国全土を自分の足で売って歩いたという自負があります。当時、ＰＨＳメーカーは国内に大小二十数社あり、中国市場進出をもくろんでいましたが、京セラ以外は商社を使って間接的にアプローチしていたように思います。

この章では、わたし自身の経歴について触れていきたいと思います。

わたしは１９６８年、九州工業大学制御工学科を卒業しました。１９０７年、安川財閥の安川敬一郎（父）・松本健次郎（次男）が「国家によって得た利益は国家のために使うべきである」という信念から私財を投じて設立した私立明治専門学校が前身です。創立経営を託されたのは山川健次郎博士（東京大学、京都大学総長などを歴任）でした。49年に国立九州工業大学となり、「技術に堪能なる士君子」を養成するという指導精神のもと、現在も工学部のみの学校です。

わたしの実家は福岡市なのですが、家族は九工大へ進学することを願っていたので、そこを選びました。ちなみに敬一郎の五男・第五郎は安川電機製作所を設立したことから、当時の学生の就職先は安川電機が多かったように記憶しています。

わたしの母は私に九工大に入学させたいと強く願っており、そのためには高校は県立修《しゅう》猷館《ゆうかん》高校がいいと、校区外のため手続きに奔走してくれました。

この高校も安川電機とは縁が深く、64年の東京オリンピックの五輪旗と聖火トーチが飾られています。第五郎が東京五輪組織委員会会長を務めた縁と聞いています。

母が修猷館高校、明治専門学校進学を願っていたのはなぜでしょう。はっきりと聞いたことはないのですが、息子にエリート教育を施すために奔走したわけではなく、純粋に安川財閥が創設した明治専門学校に入学してもらいたいという気持ちだったようです。母は安川電気の業績がとても良い頃を知っているので、もしかしたらわたしを大学教授にしたかったのかもしれません。昔の大学教授の待遇はかなり良かったようで、ある教授の家におじゃました時は、まずその敷地と家の大きさに驚きました。教授の子どもさんは二人とも東京芸術大学のピアノ科で学んでいたので、自宅は防音設備が整っていました。昔の造りですから、部屋は障子や襖で仕切られているのですが、障子のさんの1枚1枚に短冊のようにガラスが入っていて、閉めるとピアノの音が小さくなるのです。今、思えばだいぶ凝った構造でした。

東京五輪を見に新幹線で上京

みなさんと同じように大学時代の思い出はいろいろありますが、大学2年生のときの東京オリンピック見物は、ちょっとした冒険でした。今は東海道・山陽新幹線のぞみは博多―東京間を5時間3分で結びますが、東京オリンピック開会直前の10月1日に開業した東海道新幹線ひかりは東京―新大阪間を約4時間かけて走っていました。もちろん当時としては驚異的な速さでしたので、博多から寝台列車で新大阪へ行き、そこから新幹線に乗車しました。ただ残念だったのは、ひかりの切符が取れずにこだまに乗ったこと。それでも十分に速さを楽しみましたが……。

東京オリンピックは中谷雄英、岡野功、猪熊功が金メダルを取った柔道のほか、いくつかの競技を観戦しました。大松博文監督率いる日紡貝塚女子バレーボールチーム「東洋の魔女」が出場するバレーボールも見たかったのですが、チケットが取れませんでした。帰りはまた新幹線に乗ったのですが、静岡で下りて富士山を見て帰った記憶があります。

制御工学科を選んだ理由

話がそれてしまいましたが、わたしが九工大の制御工学科を選んだ理由は、就職先での「給料」でした。最初は電気科か機械科に行こうと思っていましたが、いろいろ調べているうちに、これからはオートメーションで製品を作るようになりそうだということが分かりました。そうなると会社で給料を多くもらえるのは、オートメーションの設計をする人材だろう――そんな風に考えて制御工学科を選んだのです。当時、制御工学科があったのは阪大と九工大のみだったと思います。そこで家から近く、経済的負担も少ない九工大を選びましたが、実際は大変でした。

制御工学は、電気工学（電気制御）と機械工学（機械制御）の両方を勉強しなければいけないのです。当時の世の中は週休2日制ではなく、大学も土曜の午前中は授業がありました。

制御工学科は毎日5時間の授業がありました。そうしないと機械と電気と両方が勉強できません。その割に単位は1単位でした。1単位90分だから普通は2単位。その時は、勉強量の多さに辟易しましたが、そのおかげで**勉強をする時間は十分に取れたので感謝しています。**

卒業論文は「直流モーターによる張力制御」という研究でした。簡単に言うと、安い直流モーターの回転を精密に制御して決めた張力で巻き取る研究です。例えば繊維産業では、糸の巻き取り装置で巻き上げる糸にかかる力を一定に維持することが求められるのですが、糸の巻き始めと終わりではローラーの径が異なるので、巻き取る力を制御して一定にする必要があります。この技術を応用すると、製鉄所で造る鉄の延べ板をコントロールすることもできます。糸と鉄ではパワーに大きな違いがありますが、基本となる技術は同じです。

バレーボールの日紡貝塚は、大日本紡績（日紡、現ユニチカ）の貝塚工場のバレーボールチームという意味ですが、当時は繊維工業が盛んで、わたしの周りでは東洋レーヨン（現東レ）に就職する学生もいました。

教授の計らいでシャープへ入社

就職に際して、わたしは早川電機工業（現シャープ）シャープを選びました。1968年4月入社当時の社名は早川電機工業でした。

実はわたしはＩＢＭを希望していました。ＩＢＭの試験は当時5次試験まであり、4次に合格し、ほぼ採用が決まっていたので、他社を受ける必要はありませんでした。3年のときに西日本の工場へ見学に行きました。3年から4年になるときには、2週間ぐらいかけて関東の工場を見学していたので、どのような会社なのか、少しはわかっていました。夜は先輩が酒を持ってきて、いろいろ会社の話を聞かせてくれました。

ところが、そのとき担任教授と早川電機工業の技術部長が大学の同期生だったため、「自分の顔を立てて、誰か一人、入社試験を受けてもらえませんか」という話があったようです。そこで白羽の矢が立ったのがわたし。教授に大阪見物をしてこいと言われて、面接を受けに行きました。本来なら一次の筆記試験に合格した人が佐伯旭専務の面接を受け、解散の予定でした。

試験が終わったのが午後2時頃。福岡に帰ろうとしたら、「山口さん、おめでとうございます」と呼び止められました。「合格しました」と言うのです。早川電機工業には失礼ですが、教授に頼まれたから大阪見物のついでに試験を受けたつもりだったのに、即座に入社が決まってしまいました。

早川電機工業は当時、松下電器産業（現パナソニック）に就職した仲間から「安売りの早川電機と言うんやで」なんてからかわれる格下の会社でした。今ならインターネットで調べることができますが、その頃は早川電機工業という名前くらいしか知らず、制御工学科の人間は門外漢という印象でした。それでも教授が行けと言えば、行くしかなかったのです。

その代わり、教授に「行け」と言われた会社には、ほぼ全員が合格していました。その頃は九工大の卒業生は売り手市場でした。卒業生40人に対して求人は400件くらいあったと聞いています。

独学でテレビの仕組みを学ぶ

早川電機工業に入社すると本社の研究所へ配属されました。無線開発部と呼ばれる部署で、テレビの開発を担当することになりました。まだテレビ事業部がなかったので、無線事業部に入れられたのだと思います。

これがわたしにとっては意味のあるものでした。なぜかというと、大学ではモーターを回したりしているだけだったので、家電のうち、モーターの力で冷やす冷蔵庫の大まかな原理くらいはわかっても、テレビの原理は知りませんでした。しかも、入社時の部署は部長とわたしと秘書の女性だけという少人数だったので、自分でいろいろ実験をして覚えるしかありませんでした。テレビの原理を解説した『初等テレビジョン教科書』なんていうものを買って、そこに載っているテレビの回路図通りにつくって、「あ、動いた動いた」なんて喜んでいました。

家電市場はカラーテレビが出始め、白黒テレビが終わる頃でしたが、私はポータブルタイプの白黒テレビの研究から始めました。ポータブルといってもブラウン管（CRT）は14インチくらいあったので持ち歩くものではありませんでしたが、それでも白黒テレビならトランジスタが使えたので、カラーテレビに比べればポータブルだったのです。何しろその頃のカラーテレビは、高電圧が必要な回路には真空管を使わなければならなかったので重く、20インチのカラーテレビなんて一人では持てないほどでした。カラーテレビにはブラウン管を守るための木の扉があったり、舞台の緞帳のような布のカバーがかけられていた時代でした。

テレビの仕組みを教えてくれる先輩もいないため、独学で技術を身につけるしかありません。部品は使い放題だったので、あれとこれを組み合わせればいいのかな、なんて考えながら教科書の回路図を見て、今日は映像回路をつくる、今日は電源回路をつくるというように目標を決めて、どうしてもわからないところだけ部長に聞く日々でした。

実は40代の先輩が一人いたのですが、とても変わっている人でした。誰とも話をせずに、ひたすらＣＲＴの偏向ヨークの研究に打ち込んでいました。私とは昼食時に少し話をするくらいで、とても相談できる雰囲気ではありませんでした。

半年くらいはもっぱら回路の勉強をしていました。その頃、ソニーは独特の回路をつくっており、それを本にまとめて販売していたので、それを買って自分の回路と比べて見たりもしました。確かにソニーの回路は良いところも多かったのですが、無駄にお金をかけている部分も目立ちました。それがソニーらしさだったのでしょう。

そうやってテレビの回路を学んでいるときに、急増するカラーテレビ需要に対応するため、カラーテレビ専用ラインを備えた大規模な工場の建設が栃木県で始まりほどなく生産が始まりました。テレビ受像機は栃木工場に移管するという会社の決断により、わたしがいた無線開発部はテレビ以外の別の仕事をしなければならなくなりました。

カメラ技術の応用製品を開発

次に何をやるのか？　１カ月ほど図書館に籠って白黒カメラの勉強をしました。フィルムカメラではなく、今で言うビデオカメラです。

１９６９年頃から開発に取りかかりました。小さなカメラを作ることが目標でした。撮像管と呼ばれるテレビ受像機に画像を映し出すための真空管が使われていました。アメリカのＲＣＡ社が開発した「ビジコン」と呼ばれるものですが、これを使うとカメラが作れるのです。日本で主に生産していたのは東芝と松下の２社でしたが、性能は圧倒的に東芝製がよかったのを覚えています。そこで東芝製の撮像管を使って小型のカメラを造り、「ドアビジョン」（テレビドアホン）として商品化しました。玄関のボタンを押すと、ピンポーンと鳴って、押した人の画像が映るのです。

当時の日本でセキュリティ商品として需要があったかどうかは疑問符がつきますが、開発したカメラを何に使うかという発想から生まれた商品です。だから「ドアビジョン」という名前で商標も取りませんでした。

次は、富士フイルムと一緒にカメラで撮影した画像を記録する記録媒体を開発しました。磁気シートを円形にくりぬいてフロッピーディスクのようなものを作ったのです。用途はちょうどブームになりかけていたゴルフのフォームの撮影。ゴルフ教室に売れると思ったのですが、ゴルフ練習場の数は当時全国でもわずかに５００カ所くらいでした。これでは５００台しか売れない。２台ずつ買ってもらっても１０００台規模の市場です。商品化はあきらめました。

バスの後部を映すリアカメラ「バスバックビジョン」も考えました。これもシャープが一番早かったアイデアです。実用的には車検でおなじみの陸運局（現運輸支局）に認めてもらう必要があったのですが、東京陸運局は時間がかかるのでパートナーのバス会社だった神姫バスに相談して、大阪陸運局へ行きました。そこでテストをやって、バスバックビジョンを取り付ければ誘導者がいなくてもバックができることを証明しました。当時のワンマンカーは（笛を吹いて誘導する車掌がいないので）バックができなかったのです。必ず終点の先にある転回所まで走って、くるっと回って返ってこないといけませんでした。そうすると転回所の土地代だってかかります。しかし、「バスバックビジョン」を取り付ければ転回所は不要です。

入社してすぐのことで印象に残っているのは大阪万博からの撤退でした。1970年の開催に向け、関西は盛り上がっていましたが、シャープはその2年前の時点で、地元企業として検討していた出展をやめ、資金を自社施設の建設に振り分けることを決めました。そして奈良県天理市の丘陵地に中央研究所、電卓で使用するLSIと呼ばれる大規模集積回路を製造する半導体工場、研修所を含む総合開発センターの建設に着手したのです。**万博出展をやめて研究所や工場を造った決断は後に「千里より天理」の英断と呼ばれました。**

1970年、後にシャープの中興の祖と呼ばれることになる佐伯旭専務が社長に昇格、社名も早川電機工業からシャープに変わりました。

フロントローディングを考案

テレビ、カメラときて、次に開発したのがビデオカセットレコーダーです。今はＨＤＤ（ハードディスクドライブ）に録画しますが、昔は大きなカセットテープに録画をしていました。ビデオテープを巻き取るモーターを一定の速度とトルクで回転させなければならないので、ここでも制御工学の知識が役立ちました。

１９７９年、シャープはＶＨＳ方式の「ＶＣ－６０００」シリーズというビデオカセットレコーダー「マイビデオＶ１」を発売しました。カセットを前面から挿入するフロントローディング方式を初めて採用したことで、上部にテレビを置くスペースができ、その後、テレビの下にビデオプレーヤーを置くことが当たり前になりました。

当時はベータ方式のソニーとＶＨＳ方式の松下・東芝・ビクターが覇権を争っていました。シャープの開発人員は40名ほどいて、開発費用もかなりかけていたのですが、それでも機能面でソニーや松下・東芝に先を越されてしまう。そこでシャープは、先発組と同じ方向を向かなくてもいいのではないかと発想を変え、ビデオデッキの上部からカセットを入れるのではなく、前面からテープを出し入れするフロントローディング方式を採用しました。正直に言えば、他には特徴のない商品でしたが、フロントローディングの便利さが消費者に支持されました。

「センサーオーブンレンジ」のセンサーの開発も手がけました。このレンジは世界で初めて気化物センサーとマイクロコンピューターを採用し、仕上がり具合を検知しながら火加減を調節する自動調理器です。

これのすごさは、七面鳥が丸々焼けることでした。普通に焼くと外側だけが焦げて、中が焼けず生焼けになります。焼いて冷まして、焼いて冷ましてを繰り返すのですが、中の温度が分からないと火加減の調整ができません。そこで七面鳥に刺して温度を検知する無線のセンサーを開発しました。有線ではないのでターンテーブルが回転しても抜けません。温度の検知には水晶振動子を使いました。温度が変わっても周波数を一定にするというのが水晶振動子なのですが、わたしは、温度の上昇と共に周波数が高くなるクリスタルのカット方式を開発しました。創業時から水晶振動子の製造を手がけ、水晶温度センサーを実用化していた東京電波に依頼しました。

水晶振動子は温度が変化しても周波数が変わらないという利点を持ちますが、クリスタルのカットの仕方によっては、温度が高くなり周波数も高くなります。ここでは、そのクリスタルカットを採用しました。この水晶振動子を電子レンジのオーブン内で温度センサーとして使うことに関しては、論文にし、ＩＭＰＳ（International Microwave Power Symposium）というマイクロウェーブの国際学会がアメリカのアイオワ大学で開催され、そこで発表しました。

水晶振動子にたどり着くまでは、いろいろと試しました。温度の変化により、抵抗値が変化する電子部品のサーミスタを使うかとか。しかし、どれも電池が必要でした。そこでユアサ電池と共同でニッカド電池を開発をして、１００℃まで耐えるニッカド電池を開発したのですが、電子レンジの中は１００℃でも追いつきません。ニッカド電池では無理だと考えに考えた結果、ある朝、水晶振動子を使うということをひらめきました。

余談ですが、電子レンジの調理終了時に「チン」という報知音が鳴ることから、昔は電子レンジで温めることを「チンして」と言ったものですが、自転車のベルを利用して「チン」という報知音を出したのもシャープでした。

シャープのうどん自動販売機

１９８０年代から90年代のシャープの製品には、電卓、ワープロの書院、パソコンなどがありましたが、わたしはいわゆる事務系の商品は手がけていません。

面白かったのはうどんやラーメン、ヌードルの自動販売機です。川崎計量器や富士電機の自動販売機はリレー式でカチャカチャカチャと動いていました。電気信号を機械的な動きに変えるために接点の開閉器を電磁石で動かすリレーを使うとノイズが発生するため、ソリッドステート（半導体を使った無接点リレー）化しようと考えたのです。リレー式よりは商品価格が高くなりますが、ソリッドステート化しても信頼性が高くなりコスト的にも見合うということで開発が認められました。

今はほとんど見ることはなくなりましたが、お金を入れて商品を選ぶと、自動販売機の中で調理が始まり、うどんが湯通しされて、天ぷらが乗って、取り出し口に出てくる。ビニールの袋に入った箸まで同時に出てきました。時々テレビでもレトロな自動販売機として紹介されていますが、競合他社製よりもシャープ製のほうがおいしかったと思います。その当時の部長が湯通しや湯切りから、出汁、天ぷらまでいろいろと、工夫して、試行錯誤を繰り返していたからです。

最初の1台は、確か福岡空港近くの国道の自動販売機ばかりが置かれたドライブインに納品しました。福岡では天ぷらを丸天と言うのですが、これがとても美味でした。

最後に電話機を手がける

１９８５年４月、電電公社が民営化されて日本電信電話（ＮＴＴ）になり、電気通信事業法で電話機が技術基準等に適合していれば、どこの電話機でも接続できることになりました。それまでは電話機は直営品でなければ使えなかったので、どこでも同じ形の、今でいう黒電話が使われていました。

自由化により電話機市場が開放され、デザインや機能で競争できることになったので、シャープも参入を決めました。音響システム事業本部に通信オーディオ事業部を発足させ、翌年には留守番電話機を発売しています。

ところが発売には、目に見えない障壁がありました。まず電話機の台数枠（各社に何台までという枠が設けられていた）がもらえないのです。私たちは策を考えました。当時、電話機を製造している神田通信機という会社がＮＴＴの台数枠を６つ持っていました。この会社では、その枠を使い切るほどの新製品を出す計画がないというので、３台分の枠を譲り受ける交渉をしました。

また販売する電話機にはＮＴＴの認定が必要なのですが、電電ファミリー会社の製品のテストは早いものの、ファミリー以外の会社のテストは遅い（とわたしたちは感じていた）

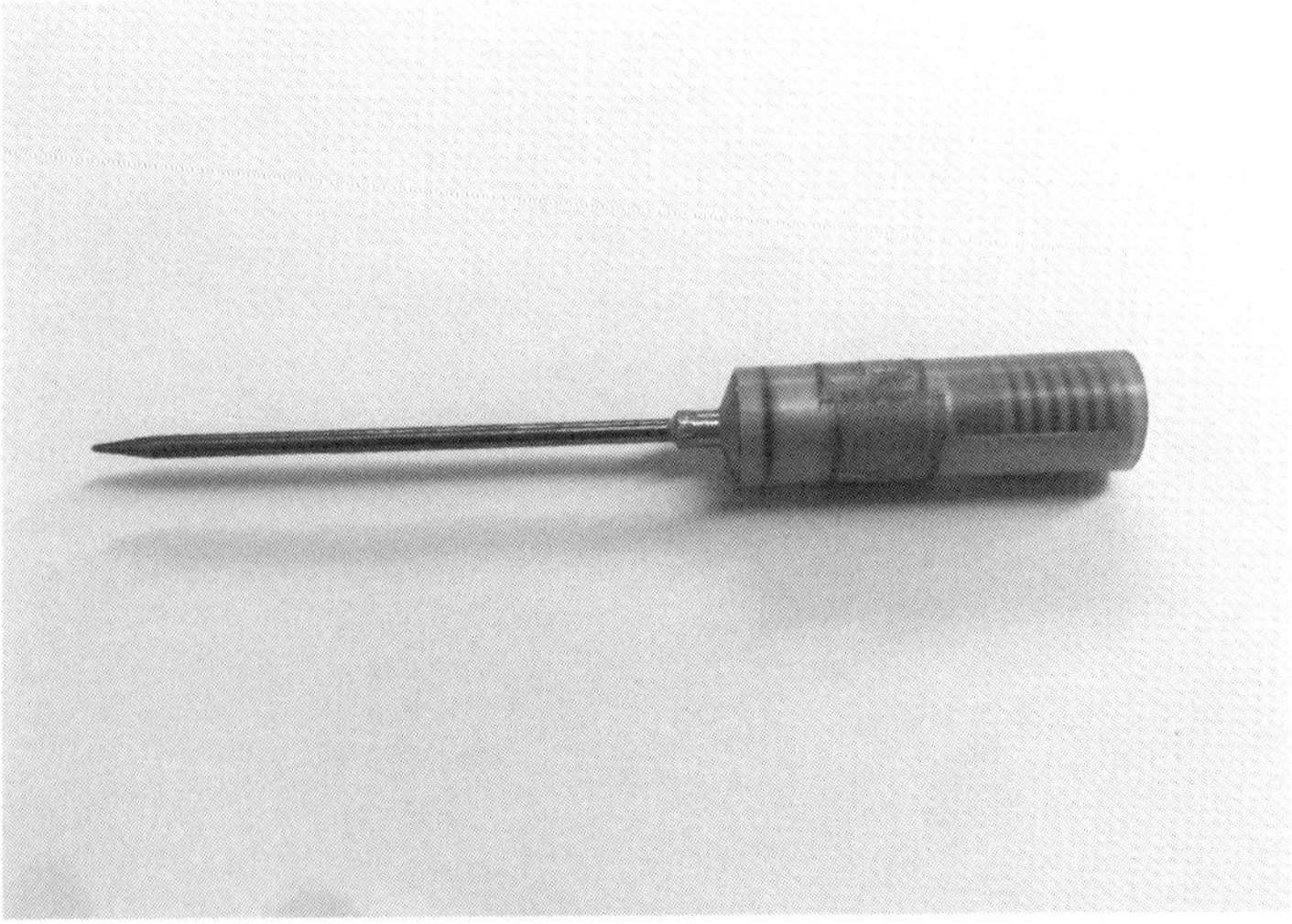
シャープ時代に開発した水晶振動子を用いた温度センサー

障壁もありました。しかし、シャープが生産した多くの電話機はNTTの各総支社で購買いただきました。

開発に苦労した製品では、セコムの家庭用安全システム「マイアラーム」があります。81年1月、日本で初めて発売した商品で、「セコム・ホームセキュリティ」に発展していきます。セコムが顧客を法人から家庭へ広げるための戦略商品という位置づけで、壁に取りつけるコントローラーは丸い形をしていました。シャープの佐々木副社長と仲が良かったセコムの創業者の飯田亮さんが四角では他社と差別化できないというので、丸くして欲しいと言うのですが、丸型の成形は

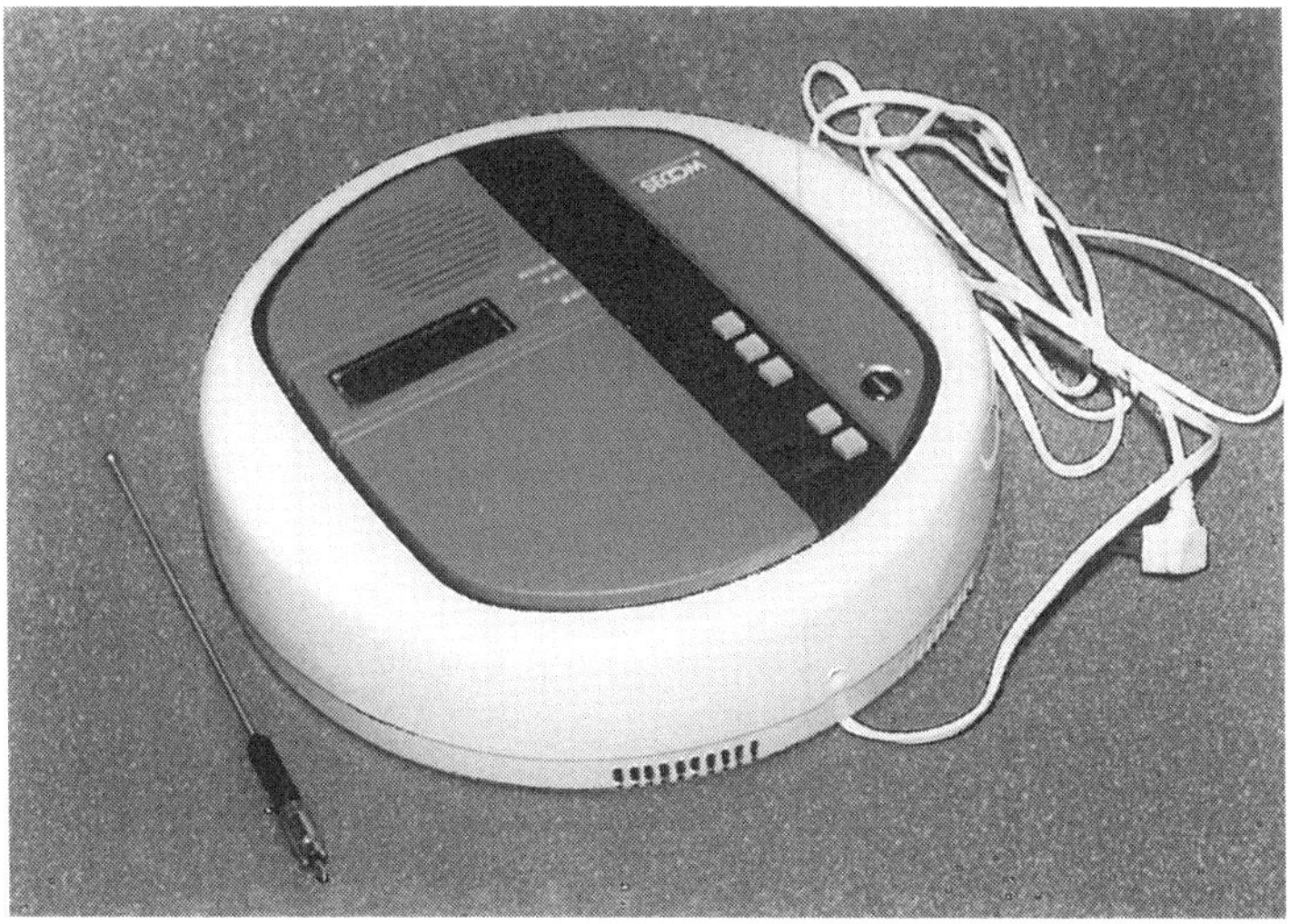

開発に時間がかかったマイアラーム

はとても難しいのです。成形品のひとつひとつに枠をはめて反らないようにしました。コントローラーで風呂をコントロールしたり、テレビの予約をしたりという機能も持たせる計画でした。今のスマートホームの先駆けと言えます。

飯田さんが「年間30万台売る」と言うので100人体制で開発にかかりました。実際、売れたのは3000台でした。次の機器の開発依頼もありましたが、他の開発商品もあり、お受けできませんでした。

「マイアラーム」を取りつけた家庭のアフターフォローやクレームもまた大変でした。

クレームの一つは森進一さんと大原麗

子さんの家からでした。わたしの部下が送信機を銅製の大きな器の裏側に設置したため、電波が飛ばず、「マイアラーム」が作動しないというものでした。大原麗子さんには見えないように設置して欲しいと頼まれて断れなかったというのが真相ですが、美人女優の頼みでもできないものはできません。翌日、出向き、実演をして原理的に無理ですという説明をしました。その時に立ち会ってくれた森進一さんは納得してくれて、「どうもありがとうございました」と丁寧にお礼を言われたことを覚えています。

やむなく電話機事業を広島に移管

おそらくほとんどの人が知らないことだと思いますが、シャープの電話機は大阪の八尾市にある冷蔵機器事業部（八尾工場）が手がけました。

冷蔵機器事業部は1959年から冷蔵庫などを作り続けている白物家電の国内拠点です。携帯電話は畑違いな製品でしたが、当時の事業部長が佐伯社長の娘婿の町田勝彦さん（後に4代社長に就任）だったことが理由でした。

わたしは、他の事業部から電化事業部の電話機事業に対してクレームが出ないように、町田さんを説得したのです。

「これから普及するホームオートメーションには、外部から家電をコントロールするための操作機器としての電話機が欠かせません。白物家電の事業部だからこそ、電話機の開発が必要なのです」

住宅内の機器をネットワーク化して利便性を高めることを目的としたホームオートメーションは1980年代から普及が期待されていました。電話で宅内の機器を操作するシステムは大いに人気となりました。操作機能を備えた電話機は、3万円から3万5000円くらいする高級品でした。

それが売れ始めると、佐伯さんから電話がかかってきました。

「山口君、八尾でやっている電話機、あれを広島で作らせてもらえないかな」

電話機の生産を広島工場へ移したいというのです。実は佐伯さんの出身地が広島で、錦を飾るために建てた工場でした。広島工場は現在、携帯電話・スマートフォン・タブレットの開発・製造拠点ですが、67年に稼働した当時はトランジスタ・ラジオの量産工場でした。当時は音響システム事業部がラジカセ（ラジオカセットレコーダー）などと電話機も少し生産していました。ただ電話機は米国のGEから要請された10ドル程度の製品で、儲からないので、八尾の高級電話機に目をつけたのでしょう。八尾の規模は20万台のオーダーを抱えていて、1台3万円としても60億円の事業です。

「え？　それは業務命令ですか？　単なる要請ですか？」

そう聞き返すと佐伯さんは、

「いや～、どちらかというと命令やなあ」

私も会社員ですから命令では仕方がありません。当時八尾から30人出向させて電話機の開発・生産ノウハウを移転させていました。「この30人がそのまま広島に残りたいと言えば残し、八尾へ帰りたければ帰してくださいね」という条件をつけたところ、これはちゃんと守ってくれました。

スマート家電を実現

シャープではホームオートメーションには早くから取り組んでいました。例えば、テレビの録画機能です。当時、プロ野球中継が延長されると、その後のドラマの時間も後ろにずれてしまい、ドラマの肝心な場面の録画ができないという問題が起こっていました。そこで開発したのが外から電話をかけるとリモコンが稼働して赤外線で録画開始時間をずらすという1台5万円のコントローラーです。

コントローラーには、帰宅前にエアコンをつけたり、炊飯器のスイッチを入れたり、風呂を沸かす機能もありました。

インターネットやスマートフォンのない時代でしたが、**当時の最新技術を駆使してスマートホームを実現していたのです。**

一戸建てでもマンションでも、防犯のために「ドアビジョン」をつけている家庭が増えていました。「カメラ技術の応用製品を開発」の項で触れましたが、シャープが得意とした液晶と撮像素子を一緒にした商品が作れないかということで、「ドアビジョン」に着目したのです。

この製品が優れていたのは、音声と画像とドアビジョンのカメラに供給する電気を1本のケーブルに乗せることができた点です。これまでは、それぞれに専用線が必要でした。電源、映像、音声といった具合に、これまで使っていたインターホンのケーブルがそのまま使えます。それまではカメラ位置によっては、玄関の敷石を割って埋め込なければならなくなるばあいもありましたむことになります。

わたしの肩書きは開発の責任者でしたが、シャープは営業力がないため新規開発商品の営業と販促も支援しており、名古屋市に本社のあるアイホンというインターホンメーカーと、のちの松下電工の2社にも納品していました。

ドアビジョンでは2社合わせると90パーセントに届くシェアを持っていましたが、納品するのはモノクロのカメラユニット部分と音声部分の半完成品でした。そうしないと、インターホンメーカーの仕事がなくなってしまうからです。

後にわたしが退社するときに、「ドアビジョンは絶対にカラー化しないとだめだぞ」というアドバイスをしました。当時はカメラユニットだけでも2万円くらいして、かなり儲けていたので、慢心している様子が見られました。だからこそカラー化を念押しし、万が一出遅れてもシャープの特許を使わないと製品化できないように、いくつかの特許を押さえておきました。それでも出遅れてしまい、最終的にはカラー製品ではアイホンと松下電工の独自商品に負けてしまったのは残念でなりません。

第3章

どこまでも緻密な京セラの経営に驚く

稲盛さんから声がかかる

わたしがシャープに入社して20年ほどが過ぎた１９８９年、京セラの稲盛和夫さんから声がかかりました。

当時、わたしの上司だった部長が鹿児島大学の出身で、鹿児島県人会の会合で稲盛さんにお会いする機会が多く、あるとき、「三重県の伊勢市と玉城町にある工場を買ったが、どう評価したらいいのだろう？」と相談されたというのです。わたしはエンジニアリングがわかるので、見に行ったところ、据えつけられている自動挿入機という機械がとても古く、速度が遅く精度が悪いシロモノでした。そうなると時間当たりの生産個数が少なくなり、コスト高になってしまいます。

「これ、どうしたらいいんだろう？」と稲盛さんに尋ねられ、

「廃棄する以外にないでしょう」と答えました。

稲盛さんの周囲の人たちは、プリント基板のアッセンブリのことがよくわからず、工場にダメ出しをしたのはわたしだけだったそうです。その率直さを気に入っていただいたのか、後日入社を勧められました。

シャープには20年在籍して、ある程度の成果を残すことができたので、京セラ入りを決

断しました。そのときわたしには、ひそかな思いがありました。「京セラの中で高収益の秘密を勉強する」ということです。

稲盛語録に「高収益であれ」というものがあります。

「不況への対処として最も大切なことは、普段から高収益の経営体質を作り上げておくこと」

京セラの高収益体質志向は会社設立時からのもので、「30％ぐらいの税引前利益率を出そうと思った」そうです。では具体的に、**どのように高収益を維持しているのか。それを知りたかったのです。**

京セラには、シャープから木村謙次郎さんという方が先に移籍していて、ソーラー関係の事業に携わっていました。木村さんから「山口さん、どこがいい？」と配属先の希望を聞かれました。

「山口さんのシャープ時代の経歴を生かすとするなら、京セラなら電子機器事業本部になるのだけれど、東京に行くことになります。構いませんか？」

京セラの本社は京都市です。東京へ行くと、高収益の秘密を探ることができません。

「それだとちょっと具合が悪いですね」

と言うと、京都市内の電子部品事業本部に配属されたのです。

京都本社には8つか9つの事業本部がありました。半導体のセラミックパッケージを作っている本部や宝飾（クレサンベール）を手がけている部門など本社にいることで各事業の数字を大まかに把握することができました。京セラの社風で、それぞれの事業部の情報がオープンなのも助かりました。

売上高6000億円から1兆円へ

電子部品事業本部の開発部の副部長を拝命しました。そして1年が経った頃、意外な辞令を受けました。

「山口さんはシャープで5カ年計画を立てた経験がありますよね。京セラでは誰も経験がないので、担当してもらえませんか？」

驚いたものの、高収益の秘密を学ぶには絶好の機会です。そこで電子部品事業本部の分だけをまとめることにしました。各部署から資料を集め、売上高1兆円を目指す5カ年計画を立てました。当時は売上高6000億円規模だったのですが、5カ年計画に沿って事業を展開した結果、3年で売上高1兆円を達成することができました。2019年3月期の連結売上高約1兆6200億円です。

そこに至る道は小さな改善の積み重ねでした。例えば電子部品のリニューアルです。電子部品の特性までは変えてはいませんが、見栄えを変えました。ある装置に京セラの電子部品が使われていたとします。お客さまが装置のふたを開けたときに、京セラの電子部品が使われていることがわかりません。なぜなら社名がはっきりと印字されていないからです。ふたをしてしまうのだから、きれいに印字する必要はない、性能が同じなら社名など関係ない、社内の人間がわかればいいとそれまでは考えていたようなのですが、そこを変えました。この装置には、京セラの部品が使われているということを買った人に認識していただくことが大切なのです。京セラの部品を使っているから性能もよく安心だとユーザーにも知っていただく必要があるのです。

新製品戦略会議について

京セラでもっとも重要な会議のひとつに「新製品戦略会議」があります。これは、わたしが立案したものです。今後の本部の進むべき研究開発のテーマを決めるものです。研究開発のテーマは以下のように4つのジャンルに分類されます。

①基礎技術的なもの
②予備検討的なもの
③ユニット・モジュール
④商品企画段階のもの

すべて新製品戦略会議に上程し、認められなければなりません。

まず、基礎技術的な研究開発のテーマで、直接商品とはならないが、その技術が他社に比べて劣っていたり、該当技術が京セラにないと競争力が著しく低下するもので、将来を見据えて取り上げていかねばならないものです。

予備検討というテーマでは、今後商品企画を進めるにあたり、本当に商品化する価値があるのかを検討します。

3つめのユニット・モジュールとは、前の予備検討とよく似ていますが、そのテーマ単体では商品になりにくく、目的の商品の機能を補完するためのものです。

もっとも重要なものが、商品企画会議で、上記3つの過程を経て、まず本部企画で開発テーマを始めてもよいという承認を得て、商品化決定会議で審議し、商品化しても間違いがないことを確認します。

情報通信事業部統括本部　開発ステップ

				本部長	営業	戦略企画	商品企画	開発技術	品証	製造	サービス	資材	品質統括
STEP 0	事業戦略会議	長期計画承認		○	○	◎	◎	○	△	○	×	△	△
STEP 1-1	本部企画会議	開発テーマ承認	正式テーマとしてスタート	○	○	◎	◎	○	×	○	×	○	○
STEP 1-2	構想設計												
STEP 1-3	1次試作		バラックセット	×	×	×	○	◎	○	○	○	×	○
STEP 2-1	基本性能評価会			○	×	△	○	◎	○	○	○	×	○
STEP 2-2	生産連絡会	生産計画承認	企画意図、設計生産方針の説明日程 新規部品、生産面	×	○	△	○	◎	○	○	○	○	○
STEP 2-3	2次試作		プリント基板作成による試作										
STEP 3-1	2次試作評価会	売価決定		×	×	△	○	◎	○	○	○	○	○
STEP 3-2	見積確認		見積集計	×	○	×	○	◎	×	○	○	○	×
STEP 3-3	商品化決定会議	商品化決定	部品発注開始 金型発注	○	○	◎	◎	○	○	○	○	○	○
STEP 3-4	3次試作		金型品による試作										
STEP 4-1	3次試作評価会			×	×	△	○	◎	○	○	○	○	○
STEP 4-2	製品確認会議	量産化承認	設計品質の確認 量産移行への許可	○	○	○	○	◎	○	○	○	○	○
STEP 5	量産試作												
STEP 6-1	量産試作評価会			○	○	○	○	○	◎	○	○	○	○
STEP 6-2	量産												
STEP 7-1	出荷可否決定審査会議	出荷決定		○	○	○	○	○	◎	○	○	○	○
STEP 7-2	初期流動管理												

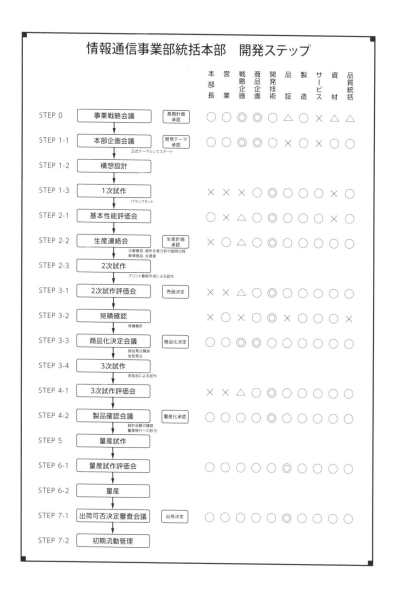

新製品戦略会議では、まず総合利益管理という尺度でもって審議します。売価から原価を差し引いた利益が適切に確保されており、見通しが立っている必要があります。加えて、数量決定に関しても、営業サイドが市場を自分の足でまわり、数字を集計します。ＯＥＭ商品については、相手先の注文書ないしは、内示書などが必要になります。これがないと、企画会議は通りません。「確実にこれだけは売れる」という確信が必要になります。

本部長	事業部長	営業部	開発部	企　画

16. 価格（1台当たり）			
仕向地	日本［円］	［　］	［　］
標準価格			
店頭表示価格			
製造出価格			
製造経費			
原材料費			

17. 量産時期　　年　　月開始

18. 売上利益計画　年　月～　年　月					
	数量	単価	売上金額（百万円）	税前利益（百万円）	利益率
／　期					
／　期					
／　期					
／　期					
／　期					
／　期					

19. 開発費（百万円）　年　月～　年　月					
	人件費	試験研究費	設備金型	その他	合 計
／　期					
／　期					
／　期					
／　期					
合　計					

20. 営業展開のポイント

21. 生産部門

22. 営業部門

／	／	／	／	／	／	／
三次試作	三次試作評価会	製品確認会議	量産試作	量産試作評価会	量産開始	出荷可否決定審査会議

商品企画書(B)

商品化決定会議用

作成日　　年　　月　　日

部署名：

1. テーマ名

5. 商品コンセプト

2. プロジェクト名

6. 特長

4. 企画の背景

3. 開発体制、組織

プロジェクトリーダー
- 電気　（　人）
- 機構　（　人）
- ソフト　（　人）
- プロセス　（　人）

（合計　人）

7. 一般仕様

10. 安全規格取得状況

11. 特許抵触状況

8. 市場規模、成長性

12. ターゲット層

9. 競合他社の状況

14. サービスチャンネル（サービス企画）

15. 客先（OEM）

20. スケジュール

月/日 を記入

本部企画会議	構想設計	一次試作	基本性能評価会	生産連絡会	二次試作	二次試作評価会	見積確認	商品化決定会議
/	/	/	/	/	/	/	/	/

企画会議の上程には、用意された書式があります。商品企画書（前ページ参照）、販売企画書、新製品利益見積書があります。

戦略会議で開発製品を決定

２年目に入り、京都の電子部品事業部の開発が順調に進んでいたので、次は東京の電子機器事業部の立て直しをするように指示が出ました。

電子機器事業部では「ＥＣＯＳＹＳ（エコシス）」などのプリンターと電話機を手がけていて両方とも大赤字の状態でした。年間１００億円近い損失を出していたと思います。その事業再建が仕事で、わたしの上司である本部長の西口泰夫さんから「戦略企画室長として行ってくれ」と言われました。電子機器事業部は実のところ東京の他社を買収してできた事業部なので、京都とは文化が全く違いました。開発の方向性もてんでばらばら。事業部の内部同士の連携もありません。

開発の仕方も開発費の使い方もいい加減でした。開発はリーダーになる者が、自分が気に入っている部下をチームに入れる。開発費は予算を決めず、その都度申請していました。金型を造るとか大きな測定器を買うときは稟議書がいりますが、金額が小さければ部長の判子だけでも買えたのです。

なぜ、こんなにもデタラメなのか。原因は部品と製品の開発の仕方の違いにありました。部品なら開発期間は2、3カ月です。ところが製品になると大体1年半ぐらいかかります。相当きちんと目標を定め、計画を立ててやらないと、1年ぐらいたった頃に「やっぱり無理でした」となる。実際に電子機器事業部では、「電話機を開発しています」「プリンターを手がけています」と言いながら、途中でうまくいかなくなると投げ出してしまう。デザイン料だけで何千万円もの損失を出しているのに、涼しい顔をして「今度こそは素晴らしいものを作りますよ」なんて言っている。

これを商品化するにはいくらかかって、どのくらいの販売が見込めて、利益はどれくらい出るという採算の計算ができていないわけです。製品ができればいいというゆるい気持ちで始めて、途中で投げ出したり、出来たら出来たで売れずに大赤字を出すなどということが当たり前に起きていました。

そこで戦略企画室長として手がけたことは、月1回、新商品開発のための戦略企画会議を開くことです。会議に申請するための書式を作り採算についても厳しい枠を定めました。わたしが司会を務める会議に上がっていないテーマには開発費を出さない方針を徹底したので、次第にデタラメな開発はなくなっていきました。開発については厳しく審査する一方で、会議には誰でも出席できました。他の会議のように、課長以上、部長以上というような資格は不要。やる気がある者は平社員であろうと誰でも出席して、アイデアを披露することができました。おかげで非常にオープンな事業本部に変わりました。

稲盛さんは誰もが認める名経営者ですが、当時は部品の開発の感覚が体に残っていたのでしょうね。戦略会議が機能して4、5年たった頃、こう話してくれました。

「家庭用通信カラオケのように部下から持ち込まれる企画はどれも面白そうで成功しそうな気がしていたけれど、そうじゃないということがやっとわかった」

会社の組織をアメーバと呼ばれる小集団に分け、その集団を独立採算で運営する京セラの経営システムを「アメーバ経営」と呼びますが、東京のやり方は似て非なるものでした。

さて、第1章でお話したように、この後、わたしは戦略企画室長、テレビ会議システムの営業部長と技術部長などを兼務することになるのです。

京セラの高収益の秘密

わたしが京セラへ移籍した理由の半分は、京セラの高収益の秘密を勉強するという話をしました。戦略企画室長やテレビ会議システムの営業部長などを兼任して働くうちに、少しずつ高収益の秘密がわかってきました。

経営の常識は、「売り上げを増やせば経費も増える」ですが、**京セラは売り上げを最大限に増やし、経費は最小限に抑え、時間を短縮する創意工夫を徹底することにより高収益を達成する**ことを目指していました。

では、どのように経費を抑えるかが課題になります。

例えば赤字の事業があるとします。赤字をなくすためには、何をすればいいのか。売り上げを増やす努力はもちろんやるべきですが、今まで赤字だった商品の売り上げが、そう簡単に増えるわけがありません。

わたしが内部で働いてわかった**高収益の秘密は、経費を抑える創意工夫にありました。**

例えば京セラが保有するビルのフロアに、ある部門が引っ越すとします。普通は、その部門がフロアのすべてを使おうとするのでしょうが、京セラは「自分たちが使うスペースだけ取りなさい」と言う。自分たちが使うスペースが、京セラが保有するフロアの半分だとすると、その分だけの家賃を払い、残りの半分は使わずに本社に預けておく。

普通はどうせ残り半分のスペースも余っているのだから、使わないともったいないと思いがちですが、稲盛さんの考え方は、余計なスペースを持つと、無駄な会議室を作ろうとしたり、机を買って置こうとする。空調設備も必要になる。空いている机があれば、人員を増やして埋めたくなる。だから余ったスペースは使わないでおく。

もうひとつ驚いたのは京セラは大の月、小の月、年末年始に関係なく、1カ月の労働日数は20日です。暦通りに休みを取ると、19日働く月や21日働く月が出てきます。そうすると、最初から5％の差が出ます。このため、京セラでは1カ月実働20日間と決まっているのです。単純なことですが、なかなかできないものです。わたしは京セラ以外で、このシステムを採用している会社は見たことがありません。

京セラから三洋、iAXへ

2002年に京セラを辞めて三洋電機（正確には携帯電話事業を手がける三洋テレコミュニケーションズ）へ移りました。その理由は、京セラでソーラー事業本部に異動になったことです。京セラのソーラー発電の歴史は長く、1975年には松下電器産業、シャー

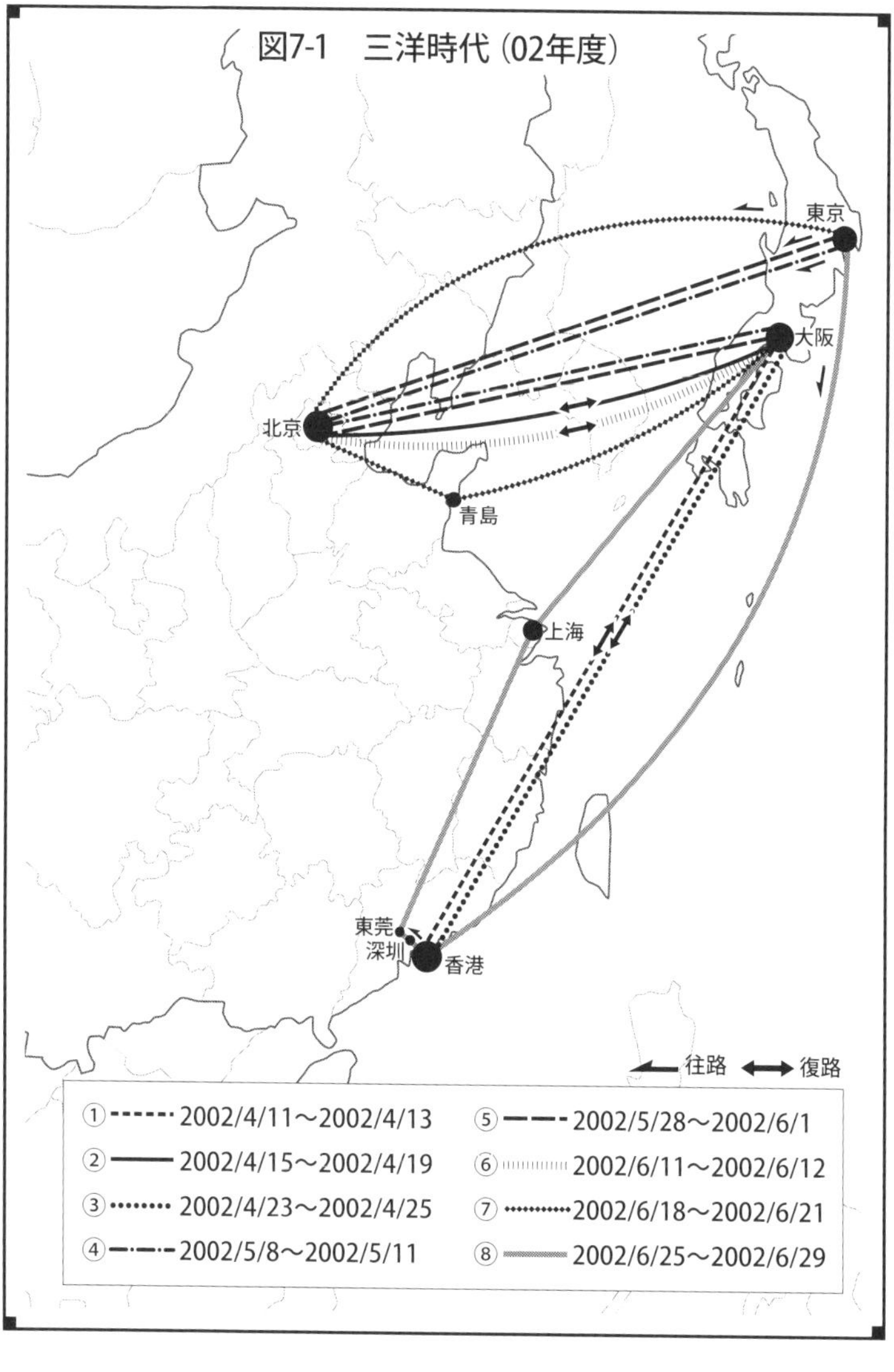
図7-1　三洋時代（02年度）
東京
大阪
北京
青島
上海
東莞
深圳
香港
往路
復路
①　2002/4/11～2002/4/13
②　2002/4/15～2002/4/19
③　2002/4/23～2002/4/25
④　2002/5/8～2002/5/11
⑤　2002/5/28～2002/6/1
⑥　2002/6/11～2002/6/12
⑦　2002/6/18～2002/6/21
⑧　2002/6/25～2002/6/29

図7-2　三洋時代（02年度）

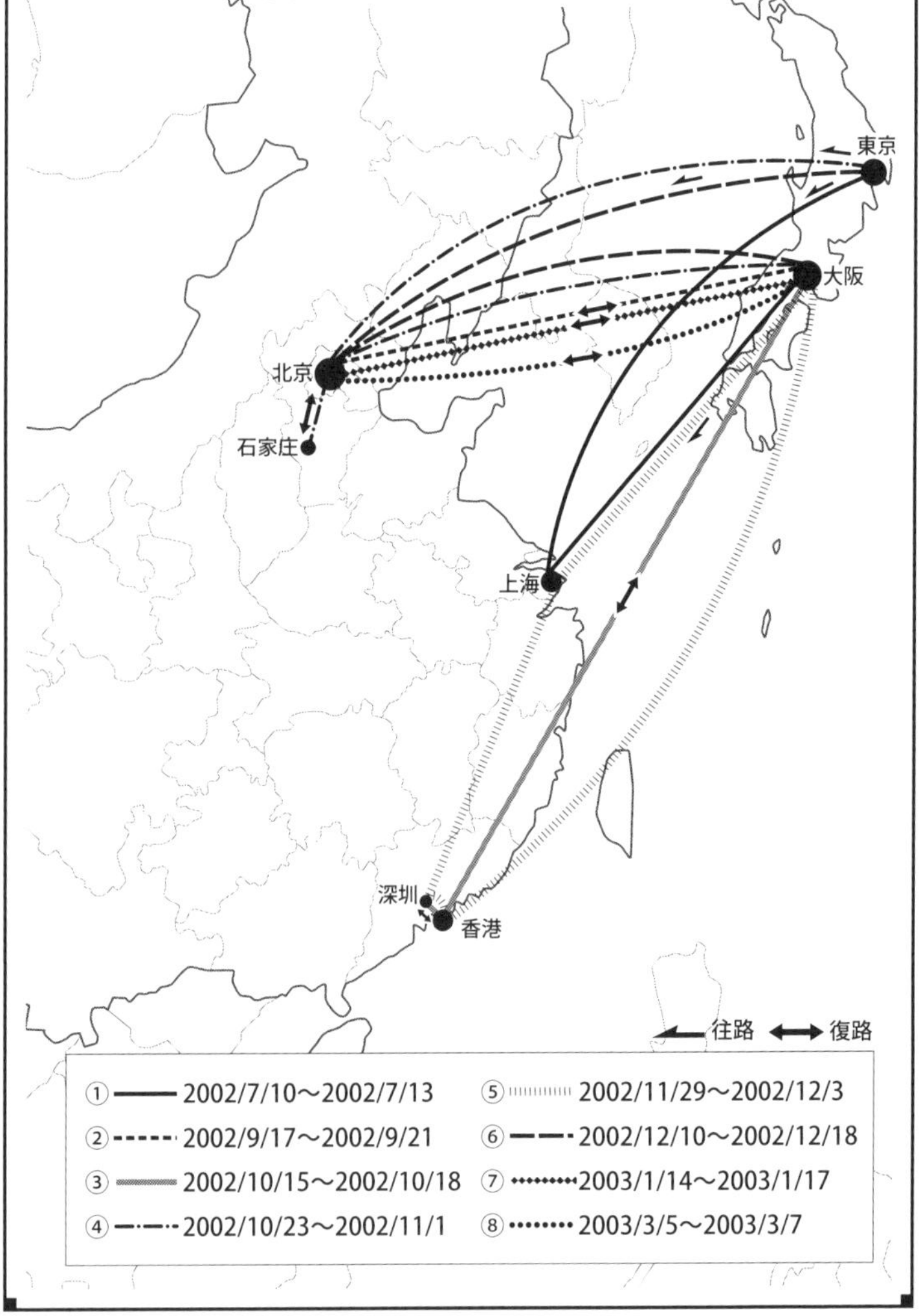

東京
大阪
北京
石家庄
上海
深圳
香港
往路
復路
① 2002/7/10～2002/7/13
② 2002/9/17～2002/9/21
③ 2002/10/15～2002/10/18
④ 2002/10/23～2002/11/1
⑤ 2002/11/29～2002/12/3
⑥ 2002/12/10～2002/12/18
⑦ 2003/1/14～2003/1/17
⑧ 2003/3/5～2003/3/7

プ、モービル・オイル社、タイコ・ラボラトリーズ社と合弁でジャパン・ソーラー・エナジー（ＪＳＥＣ）を設立して太陽電池の開発に取り組んでいます。それほど由緒ある事業なのですが、主に国内の産業用メガソーラー市場を主戦場としています。そのため、わたしがこれまで築いてきた人脈との接点がなく、ゼロからの出発になってしまいます。それではわたしの能力を買ってくれている人にも申し訳ないと思い、今後の太陽電池の戦略をまとめ、これを提出して異動して4カ月で退職しました。

実は以前から三洋テレコミュニケーションズから「うちへ来ないか？」と誘いはあったのですが、京セラで通信事業をやっているうちはさすがに動けません。ソーラー事業に移ったという情報が入ったのでしょう。「今度は来てくれますよね」という誘いを受けました。

京セラを辞めて三洋へ出社して、中国業務総代表になりました。

ところが、わたしが担当したセールスを任う中国の合弁会社がまったく言うことを聞かない。ちゃんと実績を出しているのならそれでもいいのですが、ＣＤＭＡ端末が1機種あたり年間2000台しか売れていないのです。

「なんでや？」と問うと、売れない理由をたくさん並べてきます。

「それは分かった。来期はいくら売るんだ？」

すると調子よく、

「30万台売ります」と答える。今年2000台しか売れていないのに、来年いきなり30万台も売れるわけがないだろうと思っていると案の定、2000台しか売れません。これでは業績の悪化は目に見えていると思い、またわたしを三洋に入れてくれた方も三洋テレコミュニケーションズから離れたので、わたしも辞める決断をしました。

ここでは合弁の難しさを痛感しました。出資比率は三洋49％、中国が51％です。わずか1～2％と思われるでしょうが、きちんとイニシアチブを手にしたいなら、出資比率で50％以上をキープするべきです。

そしてiAXの代表取締役会長に収まったというわけです。京セラを辞めるころにiAXの馮麗萍社長から「一緒にiAXをやりたい」という話があったのですが、手続き上の問題ですぐに移ることができず、結果として三洋というワンクッションを置いてiAXへ入ったことになりました。

iAXについては第5章でお話しします。

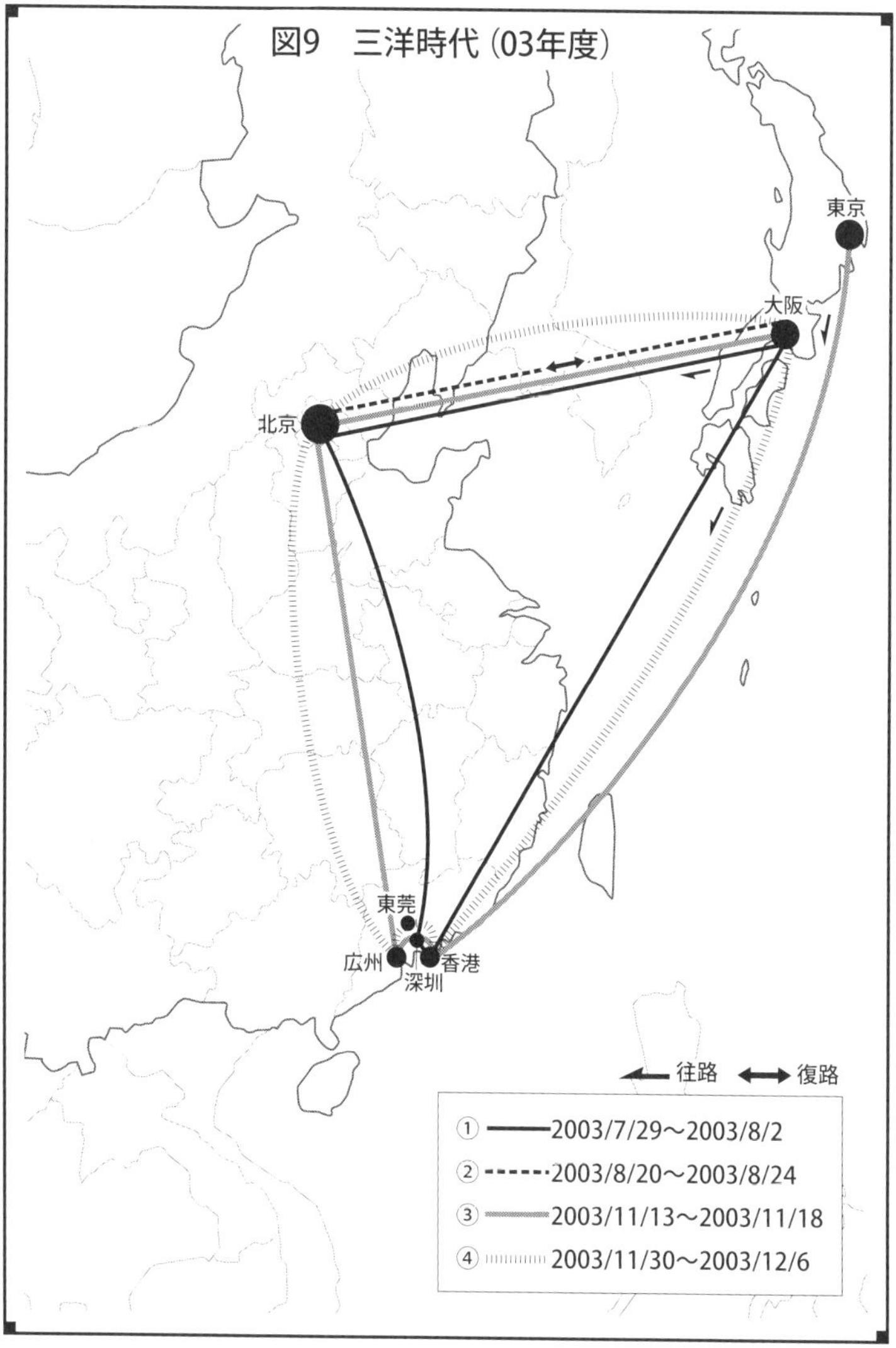
図9　三洋時代（03年度）
東京
大阪
北京
東莞
広州
深圳
香港
往路
復路
① 2003/7/29〜2003/8/2
② 2003/8/20〜2003/8/24
③ 2003/11/13〜2003/11/18
④ 2003/11/30〜2003/12/6

第4章

わたしの人生を導いた稲盛さんの言葉

”

一つのことに打ち込んできた人、
一生懸命に働き続きて来た人というのは、
その日々の精進を通じて、
おのずと魂が磨かれていき、
厚みのある人格を形成していくものです。

“

人生は常に勉強し続けるべきだ

この章では私が薫陶を受けた稲盛さんの言葉を紹介します。

いくつかの縁が重なって、わたしが京セラに入社することになったのはすでにお話した通りです。京セラは、稲盛和夫氏が１９５９年にわずか社員８人で創業しました。高度成長の波に乗って、京セラは大きく成長したのは皆さんご存じの通りです。

詳しくはすでに記しましたが、わたしがはじめて稲盛さんと出会ったのは、１９８８年のことでした。「スケールの大きな人だなあ」と思っていましたが、そのときはご挨拶をしただけ。後日、京セラの方からお声がけがあり、「あの稲盛さんのところなら、面白いかもしれないな」と思い、お世話になることを決めたのです。

工学部を卒業したわたしは、図面を引いたり、試作品を組み立てたりと、自分たちの技術で形にしたものを、世の中の人たちに役立てたいと思いながら、日々研鑽を積んできました。自分の考えを、まず設計図に落とし込み、それを形にしていく喜びはエンジニアならではのことでしょう。もちろん、ビジネスパーソンとしては「実用化」には、コストを考えなければいけませんが、それは後のことです。エンジニアとして、何が一番うれしいかといえば、自分が作った試作品にスイッチを入れ、予想通りに動いた瞬間に違いありません。

日々の仕事で忙殺される中、わたしが京セラに入ることを決めたのは、京セラで、エンジニアとしてのうれしさ以上のものを感じることができるかもしれないと思ったからです。当時、わたしは44歳で、シャープに入社して21年が経っていました。自分としては、柔軟な気持ちを忘れずにいましたが、どこか息苦しさを感じていたのかもしれません。自分でも感じるほどではないかもしれませんが、知らず知らずのうちに社会人としての「鋳型」にはめられていたのでしょう。無意識のうちに、型にはめられていく息苦しさを感じていたときに、京セラからの誘いあり、それに乗ったわけです。

京セラでも、エンジニアとして職務にまい進しましたが、マネジメントの仕事も増えてきました。それまで自分の周りにいなかった種類の人たちとも一緒に仕事を進めていかなければなりません。それはわたしにとって自分を磨くチャンスでした。エンジニアとしての原点があり、日々打ち込んできたからこそ、エンジニア以外の仕事が加わったときにも、同じような情熱をもって打ち込むことができたのだと思います。

社会人になって一線を退くまで、わたしたちは1日の3分の1を職場で過ごします。そう考えると、働くことは日々の糧を手にする場所だけではなく、わたしたちの人格をつくり上げる場所であるのではないでしょうか。

現在、わたしも1日の多くをオフィスで過ごしています。図面を引くことはありませんが、面白そうな製品を見つけると、構造はどうなっているのだろうとエンジニアの視点から考えることがあります。最近ではプロダクトデザインの分野にも興味が出てきました。それをきっかけにして、コストはどうなっているのか。購買層はどうだろう。中国マーケットで受け入れられるだろうかと考えてしまいます。

やはり、人生は一生勉強なのです。

”

いくつになっても夢を語り、
明るい未来の姿を描ける人間でありたいものです。
夢を抱けない人には創造や成功が
もたらせることはありませんし、
人間的な成長もありません。

“

それでも完璧を求め続ける強い気持ち

経営者としての稲盛さんは鋭い目を持っている方でした。マネジメントを担う立場としてはとても怖い目を持っていました。一方、エンジニアとしては、彼の目ほど信頼できるものはありませんでした。

わたしの部署ではありませんでしたが、こんな話を聞いたことがあります。

その部署では、ファインセラミックと呼ばれるものを開発していたのです。このファインセラミックは電子機器においてとても重要な役割を果たすものでした。電子機器には半導体のチップが組み込まれます。チップの組み込まれる基盤はいろいろな電波が飛び交うので、チップが影響を受けて誤作動をしてしまうのです。そこでチップを電波の影響を受けないファインセラミックで保護するのです。彼らはそのファインセラミックを開発していたのです。

わたしは彼らが苦労して、開発しているのを知っていましたから試作品が完成したとき、「ついにやったか」と喜んだのですが、それもつかの間。稲盛さんは、ファインセラミックを一目見ただけで、「これはダメだ」と言い放ったのです。電波を遮断して半導体のチップを保護するという本来の目的は達成しているのに、一目見ただけでダメ出しをしたのです。

「セラミックは純白であるべきだ」

ダメ出しをした理由はそれでした。基盤に悪影響を及ぼす雑電波をカットしているのに、自分の価値観、この場合は稲盛さんの美意識にマッチしていないから、認められなかったのです。

このセラミックをつくるには、とても高度な技術が必要でした。少し灰色がかった表面は、技術的には仕方のないことに思いました。しかし、完璧主義の稲盛さんにとって、純白でないセラミックを受け入れることはできなかったのです。

技術的な試行錯誤を何度も重ねての試作品にNGを出されたリーダーは途方に暮れていましたが、結局新しいやり方で純白のセラミックを作り上げることに成功しました。

稲盛さんの要求そのままに、純白のセラミックを開発したリーダーの努力には脱帽しますが、稲盛さんの凄さを感じずにはいられませんでした。**一切の妥協を許さない稲盛さんの完璧主義が、できないと思われていた技術的な壁を打ち破ったのです。**

自分が理想とするものを実現するまで諦めずに、何度も何度も繰り返し、成功するまで挑戦するということは、稲盛さんもしたはずです。自らが完璧主義者として努力したからこそ、京セラはここまで大きな会社になったのだと思います。

完璧主義者からだといって常に結果が伴うわけではありません。できないときはできないものでしょう。しかし、ふとしたことがきっかけで、それまで不可能だと思っていたことも可能になるのです。それは天才的なインスピレーションかもしれないし、日常生活を送っているときのふとした思いつきかもしれません。**大切なのは、常に考えておくことです。**完璧を求めるということ、夢や理想を追い求めるということは、実現するために行動し、努力し、そして考えることなのです。

”

「やれる」という自信に変わった時に
やってもいないことまでが、
はじめて「見える」
ということになるのです。

“

大きな変化が次に何を引き起こすかを考える

わたしがPHSの販路を開拓するために中国大陸に渡ったのは54歳のときでした。当時、稲盛さんは66歳です。第二電電を創業して14年目のことでした。

第二電電は初期投資だけで1000億円以上を費し、その額を聞いて京セラの役員会では慎重論が出たそうです。当時の京セラの蓄えは1500億円ほどでした。資産の3分の2をつぎ込んでまでやる価値があるのかという意見は当然出てきます。

稲盛さんもずいぶんと悩んだそうです。**第二電電創業に踏み切ったのは、そこに私心がないかどうかを、何度も自分の中で繰り返し考えてのことでした。**当時、通信業界は電電公社の独占市場で、利用者は高い使用料を払わざるをえなかったのです。それを何とかしたいという思いが稲盛さんにはありました。そこに出現したのが携帯電話でした。携帯電話の出現により、電話によるコミュニケーションが家と家を結ぶのではなく、個人と個人を結ぶ時代がやって来たのです。

京セラの技術開発能力はずば抜けてよいものでした。携帯電話に必須の半導体パッケージは、京セラの基幹産業のひとつです。しかもコストに関しては、改善を重ねて他の大手との競争に十分耐えられるものでした。携帯電話の爆発的な普及は確実でした。だからこそ、**飛躍的に伸びる電話料金が電電公社に独占されることに心を悩ませたのです。**

おそらく、稲盛さんには携帯電話の通信網が日本の隅から隅まで広がるイメージがあったことでしょう。老若男女、あらゆる世代の人たちが気軽にコミュニケーションを取り合っている。そのとき彼らが手にしているのは携帯電話です。一家に1台だった電話が、4人家族なら4台、つまり通信網が4倍になるのです。そのニーズを感じていたからこそ、第二電電をつくったのです。

わたしが中国大陸でPHSの販路を切り開いたのは、まさに稲盛さんの先見の明でしょう。人口1億1千万人の日本で携帯電話の需要が爆発的に広がるなら、10億人が住む中国市場はとても魅力的に映ったはずです。そしてわたしに白羽の矢が立ったのでした。

すでに書いた通り、当時の中国の通信環境は惨々たるものでした。有線の電話網さえ満足に整備されていないのですから。そこに通信ネットワークを整備して、人々がビジネスやプライベートの会話を楽しそうにしている姿を稲盛さんは思い描いたはずです。

わたしは中国で稲盛さんの描いた青写真を実現していきました。携帯電話ではなくPH

Ｓで中国に乗り込んだのも、通信網をできるだけ安価に整備するためです。当時の技術力で携帯電話の通信網を中国全土に拡大するのは、かなりの難事業だったことは間違いありません。そこで比較的、通信基地の設置が容易なＰＨＳが選ばれたわけです。

ＰＨＳをきっかけに広がった通信ネットワークは、すでに広大な中国全土に広がりました。高速回線にとって代わっていますo彼らが手にしているのもＰＨＳではなく、スマートフォンとなっています。そして、日本よりも早く５Ｇが広がっています。

稲盛さんには、今の中国の躍進が見えていたのかもしれません。

”

人を動かす原動力はただ一つ、
公平無私ということです。

“

善なる心が体を動かせば結果は善となる

稲盛さんは、よく「**善きことを思い、善きことをなせば、想像を絶するほど思い通りに物事がうまくいく**」とおっしゃいます。動機が善であれば、物事は極めてスムーズに進むと信じています。こちらの動機が善であれば、強い気持ちで進めることができるので、判断の基準がブレません。問題点も容易に浮かび上がります。その問題点を解決していけばよいのです。

第二電電のときも、稲盛さんの心には「これは善いことだ」という思いが必ずあったはずです。だからこそ、自分の耳に入ってくるどんな雑音にも惑わされることなく、信じる道を進むことができたのです。普通のビジネスパーソンが大きなプロジェクトを進めるとき、浮かび上がってくるいくつもの問題を遮られて、ゴールまで視野に入っていないことが多いことでしょう。第二電電のような、国家的事業であるならなおさらです。

モチベーションが善であるということは、私心が入り込む隙がありません。私心には、どうしても欲がつきまといます。稼ぎたい、有名になりたい、成功したい……。人の欲望は尽きません。その欲から距離を置かなければ、大きな仕事はできないのです。

「動機善なりや。私心なかりしか」。稲盛さんは何度も自分の胸に問うたそうです。

わたしが中国でＰＨＳの販路拡大に注力していたころ、いろんな問題が発生しました。けれど、わたしがイニシアティブを握っている間はあらゆる問題を解決してきましたし、どんな問題も京セラの中国市場開拓という大方針に差しさわりが出ることはありませんでした。中国全土にＰＨＳの需要をもたらし、通信網を広げるんだという思いがあったからです。心のどこかに、この仕事は「善いことだ」という思いがあったからだと思います。

ＰＨＳの販売数というのは、地方都市にそれぞれ割り振られています。京セラは5万台、A社は4万台、B社は3万台という感じです。台数の割り振りを差配するのはその都市の信息産業部というところです。その割り振りを、変えてもらおうと、A社もB社もその部の担当にいろんな手段でアプローチをします。賄賂を渡すところもあったと聞きます。しかし、わたしはそういう利益供与のような手段で割り当てを増やしてもらうことは決してしませんでした。中国全土にＰＨＳを行き渡らせる仕事は、目先の利益だけを追い求めるのでは成し遂げられないと思うからです。長い目で見れば、袖の下を渡したり、過剰な接待を進めていった担当者は、ほどなくして帰国していきました。

わたしはどの都市の担当者にも同じように接していましたし、条件も大きく変えることはありませんでした。約束したことを必ず守っていれば、相手も約束を守ってきます。稲盛さんの言う「公平無私」です。

ビジネスですから、もちろん、駆け引きはあります。たとえば、PHS1台のあたりに最低価格を100ドルとしましょう。相手も、100ドルあたりが落としどころとわかっていますから、その金額の前後で交渉をするわけです。契約すれば10万台というおおきな契約でも、わたしは1台100ドルを切る契約は絶対に結びませんでした。今後のことを考えれば、1ドル値引いても売り上げには大きな影響はありません。しかし、1ドルの値引きが、次は3ドルになり、その次は5ドルになるのです。それに、他の都市との担当者とも100ドルのラインで交渉しているのですから、わたしが自分から、その「約束」を破るわけにはいきません。誰に対してもフェアであるべきなのです。そうしなければこの仕事はやり遂げられないと思っていました。

絶対に譲らないことを各都市の担当者が知ることになると、相手は無理な値引き要求をしてこなくなりました。タフネゴシエイターと呼ばれていたようですが、その分、「山口とのビジネスはフェアだ」という評判ももらいました。

完全な仕事の追及を、
日々の習慣としなければなりません。

どこにもない完璧なものをつくる気概

わたしがシャープから京セラへ移った経緯はお話ししました。1年間、京都市山科区にある本社に通って、いわゆる「京セラ文化」を身につけました。

のちに海外通信営業部長を拝命するわけですが、京セラに入ってまず驚いたのが社員全員で「売り上げ」をつくることでした。通常の会社だと、売り上げをつくるのは、営業の仕事です。わたしたち、エンジニアの仕事は、製品を開発し、生産のラインに乗せるまでです。営業は、その製品を消費者（もしくは販売）に売り込んでいくわけです。実際に、消費者に届けるのは営業の仕事です。一般的な会社なら売り上げをつくるのは、営業のみのはずです。

しかし、京セラは違いました。

製造部門にも売り上げがついたのです。工場から出荷するときにある割合で売り上げが計上されます。人気商品を製造する部門は、それは査定にもつながりますから、その部門が新たに商品を開発したり、リニューアルするときに、製造部門の社員たちは、より多くの消費者に手に取ってもらおうと、より力が入るのは間違いありません。それに、売り上げがつくわけですから、社内でも発言力が強いのも京セラらしいところです。

メーカーというのは、消費者からお金をもらって売り上げが立つわけですから、お金を受け取る営業部の力が大きくなります。会社の花形は営業という考えは一般的なことだと思います。

稲盛さんは、それを良しとはしませんでした。本人もエンジニアですから、新しいものを開発する苦労を誰よりも感じていたのだと思います。

製造部門に売り上げをつけたことには、「裏」がありました。製造にかかる予算を厳密に管理していたのです。材料代、加工費、そして電気代はもちろんですし、基盤1枚、ネジ1本にいたるまで報告し、無駄を許しませんでした。エンジニアとは、「よいものを開発できるなら、金に糸目をつけない」という考え方に流れがちです。「コストは後から考えればいい」とは、多くのエンジニアが思っているはずです。でも、稲盛さんは、そんなエンジニアの気持ちを変えたのです。

コスト意識を植えつけることでエンジニアには、その仕事へ失敗できないという緊張感と、やり遂げるという集中力が備わりました。

エンジニアの仕事はパーフェクトが求められます。たとえ99％うまくいったとしても、最後の1％で失敗すれば、それまでの努力はゼロになるわけです。原料から製品にするすべての工程がパーフェクトでなければなりません。失敗すれば、材料代や加工代、人件費だけでなくつぎ込んできた時間や努力がムダになるのです。

ですから、**わたしたちは目の前の仕事に全力を注ぎ、パーフェクトの仕事をしなければいけないのです。**

単によいものではなく、これ以上ないものを届けることが大切なのです。

”

もし、信念もなく、
部下にただ迎合しているだけの上司ならば、
けっして若い人たちのためになりません。
それは若い人たちにとっては楽ですが、
その気楽さは彼らをだめにしていくはずです。

“

厳しさと信念を持つものが大きな絵を描ける

中国とのビジネスに関わるようになってからすでに30年を超えようとしています。年号も平成から令和へと変わりました。

わたしが中国と関わり始めた当初、西側諸国の日本としては、中国はまったくの未開拓の国でした。

中国との国交正常化が１９７２年のこと。74年に、周恩来主席をはじめとした視察団が日本を訪れました。当時日本は高度成長の真っ最中でした。松下幸之助さんなど多くの財界人が惜しげもなく日本の技術や仕組みを中国に伝えました。

稲盛さんも、中国の発展に寄与したひとりだと言えるでしょう。稲盛さんが仏教に傾倒しているのはよく知られていますが、その考えの一つに「自利他利」があります。これは、**「相手のことを思いやり、相手を利することが、ひいては自らの利益にもなる」**という意味です。会社のトップとして、彼は決して自社だけが栄えることは考えず、日本の国民全体の幸せを考えていました。中国との関係も、日本の利益を追うことは決してしませんでした。

京セラとしては74年の中国進出以来、一貫して現地企業と良好な関係を築いてきました。

現在、中国に関連会社は21社あり、従業員は2万人を超えています。このように成長できたのは、「自利他利」の精神をビジネスの基盤としたからでしょう。

わたしが担当していた情報通信の分野でも同じでした。日本人スタッフと中国人スタッフの数はほぼ同数です。会社のシステムで給与の違いが出てくることはありましたが、スタッフが日本人であろうと、中国人であろうと、接するときに差をつけることはありませんでした。

よく、中国のスタッフに見られる傾向ですが、彼らはかなり利己的です。あるとき、こんなことがありました。

終業後、あるプロジェクトの一区切りとなったのでみんなで飲みに行くことになりました。

さて出かけようかというときに、ある中国人スタッフがこう言いました。

「これから行く宴会は仕事の一部でしょう。だったら、その分の残業代と帰りの交通費をください」

日本人なら、仕事の一区切りで飲みに行くのはなんとなくわかることだと思います。しかし、中国人スタッフは、日本の文化を知っていても、仕事の後にこのように飲みに行くことにまで知りません。店に行く前に彼らにきちんと説明しました。

「仕事ではないから、残業代はつかないし、交通費も出せない。だから参加は自由だよ」

食事代は、わたしがポケットマネーから払いましたが、それ以外は、日本人スタッフも中国人スタッフも同じ扱いです。

次に誘ったとき、ほとんどのスタッフは参加してくれました。最初にきちんと説明すればわかってくれたのだと思います。

”
どんな分野でも、
成功する人というのは
自分のやっていることに
惚れている人です。
“

ありったけの情熱を傾けるからこそ結果が伴う

大学を卒業して、最初に取りかかった仕事は前に触れたとおり、テレビの開発でした。当時はカラーテレビがお茶の間に登場し始めたころでした。とはいってもテレビの主力はまだまだ白黒です。カラーテレビはまだまだ高価でした。

わたしが最初に取りかかった仕事は、白黒テレビを「便利にする」ことでした。気軽に持ち運べるぐらいの大きさと重さにするには何が必要かを研究し、検討し、実現することでした。当時のカラーテレビは真空管でしたから、スイッチを入れてから画面が映るまでずいぶんと時間がかかりました。カラーの画面は魅力でしたが、不便な一面もあったのです。

大学で工学部といってもテレビの仕組みを習ったことはありませんでした。では、どのように構造を勉強したのかというと、市販のテレビを買ってきて分解するのです。背板を外し、まずは構造を確認します。それを一つ一つ設計図に写します。写し取れたら、細かく見ていきます。受信部の構造を調べて、終わったらブラウン管の周りの構造を調べるという感じで、テレビを調べていく過程はとても楽しい作業であり、これがわたしの仕事ということにとてもやりがいを感じていました。来る日も来る日もテレビを分解して、ときには深夜にまで作業がずれ込んだこともあります。

自分で図面を引いて、それを形にしていくことはエンジニアとしてとても面白いことはお伝えしました。同じく、未知の機械の構造を分析することにも同じような喜びを感じます。やっぱりわたしはとことんエンジニアなんだと思いました。

京セラに入って、電子部品の開発副部長を務めることとなり、実際に図面を引くことはなくなりました。それでも商品開発の際に、開発段階にある試作品の図面を見ると、何が新しいのか、どこが他社よりも優れているのかを、読み取ろうとしている自分がいます。図面を見ながら、頭の中で試作品がどう動くのかを考え、自分の立場を忘れてのめり込みそうになったものです。

稲盛さんもやはり工学部出身ですから、エンジニアとして核となる同じ思いを持っていたはずです。

あるとき、大きなセラミック製の製品の開発がうまくいってなかったそうです。何度も挑戦したけれど、セラミックにヒビが入ってしまい、うまくいきませんでした。均一に冷却する必要があったのですが、人間の大きさほどあったため、当時の技術では難しかったのです。何度も失敗して、時間だけが進んでいくなか、稲盛さんは、試作品を毛布でくるみ、抱きかかえて一晩過ごしたそうです。

試作品への愛情もあるでしょうが、稲盛さんは仕事に全身全霊を注ぎ、自分のやっていることに心底ほれていたのだと思います。だから、試作品を抱えて寝るということを考えついたのでしょう。その製品は、均一に冷やすことに成功し、製品化できました。**「自分で作ったものを抱いて寝る」ぐらいの愛情を持って仕事をすれば、どんな困難も突破できる**のだとわたしは感じました。

”

商いとは、
信用を積み重ねていくこと
だと言われています。
自分を信じてくれるものが増えてくると、
儲けも多くなってくるというものです。

“

信用が積み重なり、それがやがて利益になっていく

京セラで開発の部長をつとめていましたが、社の方針、つまり稲盛さんの方針になるのですが、バカ売れしているからといってもつくりすぎないという考えがありました。ひと月に必要な数を超えてまで、大量の製品を市場に流通させないのです。もし、今月、その売れている製品が手に入らなかったら、来月まで待ってくださいという考えです。工場をフル稼働させれば、需要へ対応はできるのですが、無理につくりすぎないように生産量の調整をしていました。大量に生産することにより、生産ラインに負荷がかかります。それによって、少しでも品質が下がることを稲盛さんは認めませんでした。

京セラのブランドと高いクオリティを維持するために、自己規制をしていたのです。京都の老舗のような商法だとわたしは思いました。

老舗は、何百年もの歴史があり、時を超えて地元の人たちに愛されています。その老舗が、メディアなどで取り上げられ急激にお客さまが増えたとします。ただ、そのときに増えたお客様は一過性のものです。10年後、20年後、次の世代まで買い続けてくれるとは限りません。大事にするべきなのは、昔からのお客様。そして彼らはクオリティの変化にと

ても敏感です。長年、買い続けているのですから。何かが変われば、それをきっかけに離れて行ってしまいます。

企業の存在意義のひとつが、利益を上げることなのは間違いありません。しかし、売れればいいのかということではありません。お客様に、最高の品質の製品を届けることが、長く愛される企業なのです。

大量生産、大量消費が当たり前の世の中です。しかも、今日クリックして購入したものが明日には手元に届いてしまいます。大量生産される製品だからこそ、わたしたちはその品質に心を配らなければなりません。お客様の信頼を得るには、お客様が満足する品質に適う製品を届けなければならないのです。

それが京セラの、いや稲盛さんの商法と言えるでしょう。

稲盛さんは、こうも話しています。

「つねに高収益であれ」

大量生産によってある製品が市場にあふれると、いずれ値崩れを起こします。そのときに損切りをするのではなく、値崩れしない製品を作ることが大切なのです。そして、**常に高収益の態勢をつくることで、例え値崩れしても、赤字にならないようにしておく心構えを説いているのです。**

第5章

どうすればうまく中国と付き合えるのか

中国の人口は日本の11倍、ＧＤＰは2・6倍

ここで中国を概観しておきましょう。中国＝中華人民共和国は１９４９年10月１日に成立しました。首都は北京。国土面積は約９６０万平方キロメートル（日本の約26倍）、人口は約13億９０００万人（日本の約11倍）で、漢民族が人口の約92％を占め、55の少数民族が暮らしています。

外務省のデータによると、農業、林業、漁業などの第１次産業が名目ＧＤＰ（国内総生産）に占める割合は7・2％、製造業、建設業などの第２次産業は40・7％、商業などの第３次産業は52・2％となっています。かつて中国は労働集約型、外需主導型産業構造であり第２次産業が経済をけん引し「世界の工場」とも呼ばれていましたが、２０１２年に第２次産業と第３次産業の比率が逆転しています。

名目ＧＤＰとは一定期間に国内で生産されたモノやサービスの付加価値の合計のこと。ＧＤＰの伸び率が経済成長率を示しています。実質ＧＤＰは名目ＧＤＰから物価の変動による影響を取り除いて計算したものです。

中国の２０１８年の名目ＧＤＰは前年比9・7％増の90兆３０９億元（約１４４０兆円）と米国に次いで世界2位。3位の日本の名目ＧＤＰ５４８兆円の2・6倍の規模となってい

ます。実質GDPは前年比6・6%で、中国政府の目標の6・5%前後を上回っています。ちなみに日本の2018年の成長率は名目で0・6%増、実質で0・7%増です。

国民党を破り中華人民共和国を樹立

現在の中国の最高指導者は習近平国家主席。中華人民共和国成立以後の歴代最高指導者は、毛沢東（統治期間1949年〜1976年）→華国鋒（同1976年〜1978年）→鄧小平（同1978年〜1989年）→江沢民（同1989年〜2002年）→胡錦濤（同2002年〜2012年）→そして習近平主席（同2012年〜）です。

歴代最高指導者の中で、わたしのビジネスに大きな影響を与えた人が2人います。一人は毛沢東、もう一人は鄧小平です。

毛沢東は文化大革命の主導者として知られていますが、北京の軍閥政府、蒋介石率いる国民党軍と戦い1949年10月1日、中華人民共和国という統一政権を樹立した人物でもあります。

統一政権樹立を支えた戦法が、第1章で触れた「農村が都市を包囲する」です。

少し歴史をさかのぼりましょう。

1911年の辛亥革命により、中華民国が南京に成立した後も、北京は軍閥政府が支配していました。孫文の後を継いで国民党を率いる蒋介石は、ソ連の協力が必要と考え、コミンテルン（国際共産主義運動の指導組織）の提案に従い24年1月、毛沢東らが結成した中国共産党との「国共合作」により北京の軍閥政府を倒す取り決めをします。

26年、蒋介石は国民党軍総司令官として北方軍閥打倒のため軍を起こします。これが「北伐」です。農民・労働者の協力を得て快進撃を続け、国民党はその年、武漢に中央政府を樹立します。

北伐は共産党がつくった大衆組織に負うところが大きいことから、毛沢東は農民の力を重視し、農民を組織すべきだと共産党に訴えますが、党は都市労働者の組織化を第一と考え対立します。

27年3月、上海において蒋介石率いる北伐軍、周恩来に指揮されて武装蜂起した上海総工会（労働組合）が軍閥を追放して、上海を開放。ところが4月、蒋介石が反共クーデターを起こし、共産党員と労働者に銃を向けることになります。

共産党は国民党との合作を破棄、毛沢東は人民軍を組織し、広範な農村地帯で農民の武装蜂起を図ることを決め「秋収蜂起」を起こしたのですが、国民党は地主の私兵団と連合し反撃。毛沢東は敗退し、人民軍を撤退させて江西湖南地区井岡山《せいこうざん》に立てこもります。そして井岡山から「農村から都市を包囲する」という毛沢東思想の実践が始まったのです。

改革開放政策で中国市場を拡大

毛沢東の下で力を付け、3度失脚して3度再起した鄧小平は、現実主義者と言われています。有名な言葉に「白猫黒猫論」がありますが、事実は少し違うそうです。鄧小平は1962年の共産主義青年団三期七中全会で、若者を前に四川省のことわざ「黄猫であれ、黒猫であれ、鼠を捕らえさえすれば、良い猫だ」という「黄猫黒猫論」を引用して、蒋介石を破ることができたのは、昔のやり方に固執せずに、勝てばよいと考え状況次第で戦い方を変えたからだと語りました。

この考え方は後に、共産主義であれ、資本主義であれ、人民を豊かにするならどちらでもよいという現実主義の「白猫黒猫論」につながっていきます。鄧小平は、改革開放政策を推進し、経済成長を加速させたことで中国市場は拡大し、日本企業も恩恵を受けました。一時期は、中国の安価な労働力を求めて、日本はもちろん、多くの先進国企業が中国に進出しました。

しかし現在では低コストと安い労働力が確保できる時代は終わっています。それどころか、中国は通信機器関連やコンピューター関連などいくつかの分野では、世界をリードする存在になっています。そのため冒頭でふれたように、米国が躍起になって次世代通信規格の「5G」でリードするファーウェイを世界市場から締め出そうとしているのです。

中国経済の成長に欠かせない2つのキーワード

中国が「強国」になるため、習近平主席による新しい施策が始まっています。その中で注目を集めている施策が「一帯一路」という対外政策を示す理論と、**国内の製造業の能力を先進国並みに引き上げる「中国製造2025」**です。

「一帯一路」は2013年9月に打ち出された陸路と海路で中国とアジア、ヨーロッパ、アフリカ大陸を結ぶ一大経済圏を創り出す「シルクロード経済圏構想」のことです。新たな政策というよりは、既存の政策を網羅し再編したものと言えそうです。

陸路の「シルクロード経済ベルト」は、中国から中央アジア、ロシアを経て、ヨーロッパに至るルートと、中国から中央アジア、西アジアを経てペルシア湾、そして地中海に至るルートがあります。海路の「21世紀海上シルクロード」は、中国から東南アジア、南アジア、インド洋に至るルートを想定しています。

「一帯一路」に合意した国や組織との協力の重点項目として、政策面での意思疎通、インフラの連結性、貿易の振興、資金の融通、民間交流の5つの分野を挙げていますが、簡単に言えば、資金力のある中国がインフラ整備を中心に、支援するということです。「一帯一路」の沿線国は64カ国に上り、人口は中国を含み45億人（世界の63％）、GDPは23兆米ドルに上ります。

現在で126カ国と29の国際組織が協力文書に署名したと言われており、先進7カ国（G7）ではイタリアが初めて参加しました。

融資は中国が主導する国際金融機関AIIB（アジアインフラ投資銀行）を中心に、中国国家開発銀行、中国輸出入銀行、シルクロード基金などが実行しています。

中国を製造業強国に押し上げる政策

「中国製造2025」は、習近平指導部が掲げる製造強国となるための長期戦略プランのことです。2015年5月に国務院より発表されました。各国の注目を集めたドイツの「インダストリー4・0」に呼応した内容になっていて、**経済構造を「量から質へ」転換するた**

め、経済の新たなけん引役となる産業を育成することが目的です。

中国の総合的な国力は高まっていますが、分野によっては中国の製造業は規模が大きいものの強さは備えていません。イノベーション能力や情報化、品質や生産効率などで大きく後れを取っていることも事実です。

また、2011年ごろまでの中国の経済成長は毎年10％に達していたのですが、2012年以降は7％前後に低下、従来のような高成長は望めない状況となりました。このことを踏まえて、中国政府は「中国経済がこれまでとは全く異なる新たな段階に入った」ことを表す「新常態（ニューノーマル）」という概念を打ち出しました。「新常態」では従来のような成長率の高さを目指すのではなく、経済の質や効率を重視しています。

そこで、2015年から建国100年を迎える2049年までの期間を3ステップに分けて、製造強国を目指すというわけです。

2025年までのステップ1では「製造強国の仲間入り」を果たすことを目標に掲げ、2035年までのステップ2では「製造強国の中位に到達」し、2049年までのステップ3で製造強国のトップクラスに立つことを宣言しています。

「中国製造2025」はそのステップ1に当たり、「核心となる基礎部品」「先進的な基礎工程」「カギとなる基礎材料」「産業技術の基礎」という産業の基礎力となる4つの基礎の向上を目指しています。
そのための重点施策として次の5つを掲げています。

①国家の製造業イノベーション能力の向上
②情報化と産業化のさらなる融合
③産業の基礎能力の強化
④品質・ブランド力の強化
⑤グリーン製造の全面的推進

重点産業には次の10産業を指定しました。

①次世代情報通信技術
②先端デジタル制御の工作機械とロボット
③航空・宇宙設備
④海洋建設機械・ハイテク船舶
⑤先進軌道交通設備

⑥省エネ・新エネルギー自動車
⑦電力設備
⑧農業用機械設備
⑨新材料
⑩バイオ医薬・高性能医療機器

※出典：科学技術振興機構　研究開発戦略センター

国務院が2015年5月8日に出した「国务院关于印发《中国制造2025》的通知」の中の「(六)大力推动重点领域突破发展。」には、こう書かれています。

(6) 重点分野における飛躍的発展の実現

次世代情報技術やハイエンド設備、新材料、バイオ医薬などの戦略的な重点にフォーカスし、各種の社会資源の集積を導き、強い産業と戦略的新興産業の急速な発展を推進する。

集積回路と専用設備：集積回路の設計レベルを向上させ、IPコア(Intellectual Property Core)と設計ツールを充実させ、国家の情報ネットワークの安全と電子完成品産業の発展の中核となる汎用チップのブレークスルーを実現し、国産チップの応用・適応能力を高める。高密度実装と3次元（3D）マイクロアセンブリ技術を把握し、パッケージング産業と測定・試験の自主発展能力を高める。カギとなる製造設備の供給能力を高める。

情報通信設備：新型コンピューティング、高速インターネット、先進ストレージ、体系化安全保障などのコア技術を掌握し、第5世代（5G）モバイル通信技術、ルーティングテクノロジーのコア技術、超高速大容量スマート光伝送技術、「未来のネットワーク」のコア技術と体系・アーキテクチャのブレークスルーを実現し、量子コンピューティングやニューラルネットワークなどの発展を積極的に推進する。ハイエンドサーバー、大容量ストレージ、新型ルーティングテクノロジー、新型スマート端末、次世代ベースステーション、ネットワークセキュリティなどの設備を研究開発し、核心的な情報・通信設備の体系的発展と大規模応用を推進する。

オペレーティング・システム（OS）と産業用ソフトウェア：セキュリティ分野のOSなどの産業用ソフトウェアを開発する。インテリジェント設計、シミュレーションとそのツール、製造業におけるモノのインターネット（IoT）とサービス、産業ビッグデータ処理などのハイエンド産業用ソフトウェアとコア技術のブレークスルーを実現し、自動制御可能なハイエンド産業のプラットフォーム化とソフトウェアと重点分野の応用ソフトウェアを開発し、産業用ソフトウェアの統合的基準と安全的な測定・評価の体系を構築し、整備する。独自の産業用ソフトウェアの体系的発展と産業化を推進する。

簡単にまとめると次のようになります。

中国はこれまで潤沢な労働力と低い賃金による「労働集約型」の製造体制で、衣料品のような大量生産品の供給を支えてきました。しかし、一人っ子政策の影響による少子高齢化社会の到来が間近に迫っているため、労働構造の転換を図り、高度な技術力を育成し、情報通信環境を整備し、ITやロボット、AI（人工知能）などを活用した「知識集約型」の産業にシフトしていくというわけです。

そのためにはPC、スマートフォン、タブレット、スマートスピーカーなどを使った情報処理や通信技術を表すICT（情報通信技術）やバイオ技術を戦略産業とし重点的に育成したり、米国のインテルや英国の半導体設計大手アームホールディングスのような製品のコアとなる技術を持つ会社を育成し、基幹技術の国産化を図るということです。

情報通信環境の高度化が欠かせません。大容量高速インターネットを全土に普及させ、世界をリードしている5G技術を用いてモバイル通信環境を飛躍的に引き上げる。またコンピューターの分野では、研究が進む量子コンピューティングの分野で主導権を握ることを目指しています。量子コンピューティングにより、例えば化学化合物のモデリングによる製薬研究の支援や複雑なサプライチェーンの最適化が図れるようになり、さまざまな産業に恩恵をもたらします。ちなみに中国信通院白書によれば、5G技術が中国経済にもたらす経済効果は6兆3000億元（約99兆円）と推測されています。

わたしたちがOSと聞くとマイクロソフトのWindowsやアップルのiOSのようなPCやスマートフォン用のOSをイメージしますが、多くの産業用機器や家電製品にも専用のOSが搭載されています。中国は今後拡大していく分野のOSを開発しIoTやビッグデータの本格活用時代に備えることを目指しています。

「5G」以降へ向かう中国のモバイル通信

これまでの各章では、主に1990年代の中国の移動通信市場、PHSの普及の状況の話をしてきましたが、ここでは、「中国製造2025」を実現するための前提となる、現在の移動通信事情を明らかにしていきます。

中国のキャリアには、中国移動（チャイナモバイル）、中国聯合通信（チャイナ・ユニコム）、中国電信（チャイナテレコム）という3つの国営キャリアがあり、携帯電話やスマートフォンサービスなどを提供しています。キャリアとは通信回線網を自社で持ち、通信サービスを提供する通信事業者のことで、MNOと表現されることがあります。

日本の総務省などの資料によると、中国の移動電話加入者数は2003年10月に固定電話の加入者数を超え、中国工業と情報化部（MIIT）のデータでは加入総数は15億7000万件（2018年）となっています。普及率は平均112・2％。2G（第2世代規格）、3G（第3世代規格）から、より通信速度が速い4G（日本ではLTEとも呼ばれている）への移行が進んでいます。

インターネットユーザー数は8億3000万人。普及率は60％に迫っています。インターネット接続手段のほとんどはスマートフォンのようなモバイルインターネットユーザーと言われています。

日本ではNTTドコモ、auを展開するKDDIグループ、ソフトバンク、楽天モバイルネットワーク（2019年10月新規参入）というキャリアがあり、その携帯通信インフラを借り受け、自社ブランドでモバイル通信サービスを提供する仮想移動体通信事業者（MVNO）が事業を展開していますが、中国でも2013年に臨時の許可証を発行し、2018年から小米科技（シャオミ）、アリババクラウド、海南航空など15社に正式な営業許可証を交付しました。

またVR（仮想現実）、AR（拡張現実）、MR（現実と仮想現実の融合）技術、自動運転技術、IoT技術などの根幹となる次世代通信システム5Gの営業許可証は2019年6月に中国移動通信、中国聯合通信、中国電信、中国広電（チャイナブロードキャストネットワーク）に対して交付されています。

サムスン、アップルに迫る中国勢

次に、スマートフォンの製造メーカーを見てみましょう。

カウンターポイント・テクノロジー・マーケット・リサーチ社による「2018年世界のスマートフォン出荷ランキング」によれば、出荷総数は14億9830万台（2017年15億5880万台）となり、順位は次の通りです（出荷台数、括弧内はシェア）。

1位　サムスン　2億9180万台（19％）
2位　アップル　2億630万台（14％）
3位　ファーウェイ　2億530万台（14％）
4位　シャオミ（Xiaomi）　1億2100万台（8％）
5位　オッポ（OPPO）　1億2020万台（8％）
6位　ビボ（Vivo）　1億280万台（7％）
7位　LG　4120万台（3％）
8位　レノボ　3830万台（3％）
9位　ノキアHMD　1750万台（1％）
10位　テクノ（Tecno）　1740万台（1％）

韓国のサムスンと米国のアップル（iPhone）に次いで、3位から6位までを中国が占め、7位は韓国、8位は中国、9位はフィンランド、10位は香港に本社を置く企業です。米調査会社IDCのデータもほぼ同じ数字を示しています。

ファーウェイはアップルに肉薄し、シャオミ、オッポ、ビボも世界市場で台頭しています。日本ではまだなじみが薄いのですが、MVNOを中心に少しずつ知名度を高めています。

世界のスマートフォンを生産するODM企業

　スマートフォンの分野でも中国の存在感が高まっていることは先のランキングで明らかですが、特筆すべきは、中国にはスマートフォンの製造を請け負う巨大企業が存在しているということです。

　英国の調査会社IHSマークイット社によると、2017年の中国系のスマートフォン受託生産（ODM＝Original Design Manufacturing）業者による出荷台数は、ウィングテック（Wing Tech、聞泰）が8370万台を出荷し首位、2位はHuaqin Telecom Technology（ホワチン、華勤）で7910万台でした。

　よく耳にするOEM（Original Equipment Manufacturing）は、顧客（委託者）が製品の設計図から製作・組み立て図面までを受託者へ支給して、生産だけを委託する生産方式なのに対し、ODMは、顧客の要望を聞きながら、製造する製品の設計から開発までを受託した会社が行います。そのためODMによりスマートフォンの生産を受託できる企業は、委託企業と同等かそれ以上の技術力を持っていることになります。

　なお、ODMと似た形態にEMS（Electronics Manufacturing Service）があります。O

DMが顧客の要望に添った開発・製造を行うのに対し、EMSは顧客が〝お任せ〟で開発・製造を依頼する点が違います。この分野では台湾の鴻海《ホンハイ》精密工業が世界最大手と言われています。ホンハイはシャープを買収した会社としても知られていますね。

IHSマークイット社の調査では、ウィングテックの主な顧客はシャオミ、ファーウェイ、レノボ、メイズー（Meizu 魅族）、台湾のASUS（エイスース、華碩）という日本でもよく知られている会社です。

ウィングテックはオランダの半導体メーカー・ネクスペリアを買収し、半導体事業にも乗り出しています。ネクスペリアはNXPセミコンダクターズの事業部門が独立した会社で、半導体の設計からウェハ製造、パッケージング・テスティングまでの一貫生産ラインを備えたIDM（Integrated Device Manufacturer 垂直統合型デバイスメーカー）の大手です。ウィングテックはこの買収によって、スマートフォンODMだけでなく、半導体の分野でも中国最大手になる見込みです。

「無名企業」という褒め言葉

アメリカの大手メディアのブルームバーグはこの買収の一報を「ネクスペリアを無名の中国企業が買収へ」と伝えています。無名の中国企業という表現は少々失礼な印象を受けますが、ウィングテックにとっては褒め言葉かもしれません。もちろんウィングテックは無名ではないですし、ODM業界最大手ですが、顧客の黒子に徹して表にはほとんど出ていないからです。

2018年、こんな報道がありました。サムスンが中国の天津工場を閉めることを決定し、ウィングテックにミドルレンジのスマートフォン「Galaxy Aシリーズ」の発注をしたという内容です。

日本市場の場合、サムスンはハイスペックモデル（Sシリーズ）のGalaxy S10」「Galaxy S10+」をドコモやauを通じて提供していましたが、新たにauからミドルレンジ（Aシリーズ）の「A30」を発売しました。日本人が好むSシリーズに迫るハイスペックを備えながら、価格を抑えた戦略モデルです。

サムスンがコスパ抜群のスマートフォンを提供できるのは、ウィングテックに開発から製造までを一貫して委託したためでしょう。またウィングテックの方でも、ハイスペック製品は顧客自身が開発し、ミドルレンジやローレンジの製品を受託するという方針でいます。だからこそ顧客は、多機能なハイスペックモデルに研究開発費を集中投資して企業イメージを高めることに専念することができるのです。

第6章

iAXが日本と中国をつなぐ

ｉＡＸ馮麗萍社長との出会い

日本企業とウィングテックのような中国企業の橋渡しをするのが、ｉＡＸ（アイエーエックス）の仕事です。そこで出会ったのが馮麗萍《フォンリーピン》社長です

ｉＡＸのフォン社長とは、ＣＩＡＪ（一般社団法人情報通信ネットワーク産業協会）が主催する講演会で知り合いました。当時わたしは京セラに在籍していました。

彼女の経歴はなかなか異色で、中国では公務員、それも検察官として公務員犯罪を担当していました。そのおかげで政府関係者などにも広い人脈を持つことに加え、中国の公務員の発想法や行動様式を身につけています。

フォンは１９９４年に公務員を辞めて来日し、日本の大学へ留学しました。その後ＩＴコンサルタント会社に就職、自身の会社を立ち上げて２００２年頃からＩＴ、通信、製造、マーケティング分野のエキスパートとともに「小さくてもダイヤモンドのように輝く会社」を目標にビジネスを展開しています。

現在は日本のＩＣＴビジネスの課題に対するソリューションを提供する会社として、日本のサプライチェーンと日本企業を結びつける役割を果たしています。

中国市場に参入する際は、中国共産党の考え方、中国の市場構造、中国の文化、ビジネ

ス習慣を十分に理解する必要がありますが、それだけでは不十分です。日本とは異なる政治構造（例えば中国共産党が国家を優越するという政治構造）を持ち、公務員と企業の関係も、日本の尺度では測れません。そこでフォンのように公務員の経験を持ち、日本の大学に留学経験を持ち、情報通信技術と日本企業を深く理解していることが重要になるのです。

話を戻して、フォンの講演を聞き、なかなか面白いことを話す人だと思い、ちょうど昼時だったので食事に誘いました。声をかけたのは京セラに在籍していた時代で、三洋電機に移ってからも付き合いが続いていました。

フォンの講演の中で特に興味深かったところは、中国の法律関係の話でした。元検察官ですから中国の法律に詳しいのは当たり前としても、法律の解釈が中国と日本ではだいぶ違うことが分かりました。

京セラ時代のある時、中国の会社相手に訴訟を起こすことになったのですが、京セラの法務に相談すると、「中国の弁護士（律師）に頼んだらいい」と逃げられてしまいました。当時は中国ビジネスに関する経験が浅く、中国でのもめ事は中国の弁護士同士で解決して欲しいと言う気持ちは分かるのですが、当時、京セラと付き合いがあった弁護士は、特許出願などを主に手がける日本でいうところの弁理士的な人たちでした。訴訟になったらとても勝ち目はありません。そういう苦い経験があっただけに、フォンとの出会いはとても有意義なものでした。

40億円の焦げ付きを回収

三洋電機（三洋コミュニケーションズ）を辞めた後、わたしはｉＡＸに入ることになるのですが、入社早々に手がけたのが、Ａ社からの依頼で中国の会社から資金を回収する仕事です。

その会社の部長から、「山口さん、こんな案件があるのだけれど手伝ってもらえますか？」と頼まれました。

「どんな案件ですか？」と尋ねたところ、「中国の会社から40億円程回収したい」と……。ｉＡＸは、ＩＣＴ関連のソリューションを提供する会社であり、資金回収は業務の範囲外なのですが、Ａ社はクライアントでしたので、話を聞くことにしました。

日本のＡ社が携帯電話を生産する時は、米国のクアルコム（携帯電話やスマートフォンのＣＰＵをほぼ独占している会社）のＣＰＵの特許を使って作るため、特許料を支払わなければなりません。

実際のアッセンブル（組み立て）は上海のＡ社工場で行っていたので、日本のＡ社は、中国のＡ社がアッセンブルした分のロイヤリティを、立て替えという形でクアルコムに支払っていたのです。

日本のＡ社が立て替えた分は、中国のＡ社に払ってもらわなければなりません。実際、日本と中国との間の契約では、１台につき決まった金額を中国から日本へ払うことになっていたのですが、中国の商務省が日本への送金に対してＯＫを出さない。そのため40億円ほど滞っていたというわけです。

Ａ社が中国で雇った２人の弁護士（律師）は「いやあ、中国政府はお金を払う気がないから絶対無理ですよ」なんてさじを投げています。ところが、当時の議事録を見せてもらうと、「片付けるべきこと」が７つ、８つあり、それを順番に片付けていけばいいのに、弁護士はそれをやらずに上海の商務省の担当者と交渉して断られ「無理です」と言っていることがわかったのです。

最初は、中国政府が外貨を国外に出したくないので難クセをつけていると思っていました。しかしこのお金は不正なお金ではなく、弁護士が作成した書類に問題があることがわかってきました。

　そこでフォンは「きちんと手続きを踏めばＯＫが出る」と判断して、膨大な書類を整理し、きちんと項目別インデックスまで付けて、見た目のいい、わかりやすい書類を作成しました。中国側の弁護士はそれすらできていなかったのです。彼らの用意した文書は手書きですから、わかりにくく論旨もバラバラで、受け取った側の印象も悪かったのです。


　フォンは春節の２週間の休みを使って必要書類を整理・作成し、インデックスを付け、書類を見る順番まで分かるようにしました。すると上海の担当者は１週間ほどでＯＫを出してくれました。中国の弁護士が3年かけてできなかったことが１週間でできたのです。

　上海の承認が得られれば、あとは北京の担当部署で送金の手続きをするだけです。こちらも２日ほどで済んでしまいました。

　驚いたのは日本のA社です。当時は仮に40億円を焦げ付かせても体力的には問題はなかったのですが、代わりに誰かに責任を取らせなければならない。その方が困る。でも、フォンのおかげでお金が入り、誰も責任を取らずに済んだのです。

中国の政治裁判

中国の法律は米国の法律を基本にしているところがあり、とても洗練されているのですが、ややこしいのは「法律の上に人間がいる」ところです。「法律にはこうこうと書いてあるけれど、わたしはこんなふうに解釈します」ということがまかり通っていて、裁判の判決はもちろん、警察官の判断だって簡単にねじ曲げられてしまう。そこが中国の怖いところです。

裁判の判決がよい例です。日本の裁判では、同じような事案は判例にならって判決が下されます。中国も判例に倣えば、絶対に負けないはずなのに負けることがある。それは、いざ判決を下す場面になると、上層部の意図が入ってくるのです。地位の高い人物を裁くときは、その政敵の意図を汲む。いわゆる〝忖度〟ですね。だから、「この犯罪で死刑？」と驚くような判決が出ることがあります。本気で死刑にする気はなく、死刑を宣告してダメージを与えることが目的のようです。裁判の政治利用とも言えそうです。

例えばこんなことがありました。2012年に薄熙来前重慶市共産党委員会書記の妻、谷開来が英国の実業家ニール・ヘイウッドさんを毒殺した罪に問われて執行猶予2年付きの死刑判決が言い渡されたことがありました。この判決を機に、飛ぶ鳥も落とす勢いと言われていた薄前書記の追い落としも始まりました。職権を乱用したほか、巨額の賄賂を受け取ったとして、党籍剥奪、公職除名処分を受けたのです。

この裁判はまさに胡錦濤国家主席の出身地である安徽省合肥の地方裁判所で行われたことから、政治裁判と噂されていました。真偽は定かではありませんが、胡錦濤主席が党内の保守派を抑え込み、習近平国家副主席を中心とする新指導部へスムースに移行させるために裁判を利用したという見立てには、うなずかされる部分もありました。

政治に絡まないで商売できればいいのですが、図らずも巻き込まれることがあります。日本の大手メーカーが親しくしていた人で信息産業部の副部長がいました。2000年に41歳の若さで要職に就き、主に電気通信管理監督業務を担当していました。その後は、中国網絡通信総経理・党組書記、2008年には中国移動副総理・党組書記というように出世の階段を上っていった人物です。ところが2009年、中国共産党中央規律検査委員会が彼を汚職の疑いで取り調べて、有罪としました。

通信絡みの汚職は金額が大きいという特徴があります。通信設備を1台入れると1億円、国土が広いのですぐに20、30億円の取引になるためで、中国の慣習では口利きをした場合のリベートは10％から30％ですから、数億円が懐に入るわけです。法律には時効がありますが共産党の施策には時効がないので、関係した日本企業は安心していられません。

リベートをもらうのは〝当たり前〟？

業者がリベートを払うことは日常的に行われていました。

例えば、わたしが友人から「絵を買いたいから画廊へ一緒に行って欲しい」と頼まれたとします。友人が日本円で１００万円の絵を買うと、画廊店主はわたしが要求しなくても10万円、20万円のリベートを渡してくれます。「リベートはいらないから絵の値段を下げて欲しい」と頼んでもだめなのです。

展示会に京セラのブースを出すときは地元業者へブースの製作を依頼するのですが、「リベートを受け取るつもりはない」と事前に言っておかないと、リベート分を上乗せした見積書を出してきます。リベートを受け取らないと言うと、おかしなやつという目で見られるのですが、見積書の金額は３、４割ほど安くなっていました。

なぜ、業者はリベートを渡すのでしょう。彼らはリベートを渡した方が安心できるのです。これでつながりができて次の発注も見込めるからです。リベートを受け取らないと、これで切られると考えるのでしょう。中国人の部下には「リベートを受け取るな」と厳命したのですが、不思議そうな顔をしていました。「みんなが儲かるのに、なぜだめなのか」と、理解はできていないようでした。

注意すべきは、リベートを受け取ることが習慣化している人とは、日本人、中国人を問わず距離を置くということです。そうしなければ摘発があったときにこちらが巻き込まれてしまいます。中国は〝密告社会〟なので、信頼している部下に足をすくわれることは日常茶飯事です。リベートを肯定するつもりはまったくありませんが、中国社会の〝潤滑油〟になっている部分はあるようです。

分け前のやり方でびっくりしたことがあります。取り引きのある会社でのことです。月末にたまたま、その会社の会議を目にしました。テーブルの上には紙幣も硬貨も混ざったままで、その月の売り上げがドンと山積みでした。です。これを順番に取っていくのです。上司が独り占めすると、部下から不満が出て訴えられるでしょう。〝公平〟に分けているので、誰も密告することはありません。みんなを同罪にするすごい方法をとる度胸のある部長だと思いました。

裁判官夫人に訴えられる

米国は訴訟社会と言われますが、中国も負けていません。

ある時、C社が「中国で不良品を販売した」と訴えられたことがありました。C社の名誉のために付け加えておけば、不良品などではなく、言いがかりに近い状況だったのですが、訴えたのは裁判官の奥方で、「面倒なことにならなければいいが……」と一抹の不安を覚えました。

弁護士は本当に実力のある人を選ばないと、法律上は優位に立っていても裁判で負けることがあります。ところがC社が選んだ弁護士は、「3万円、4万円程度の賠償請求額なのだから、払えばいい」とのんきなことを言っていました。

この担当者は、は中国の法律をうわべだけしか理解していないと言ってよいでしょう。仮に「4万円を支払え」という判決が出たとすると、それを根拠に全国のユーザーから訴えられる。1万件の訴えがあれば、4億円の賠償金を払わなければならなくなります。そこまで想定して裁判に臨むべきなのです。

「こちらは悪くないのだから、絶対に払ってはだめだ」とC社にアドバイスしてフォンに相談しました。フォンは、現地の人脈を調べてその裁判官と腹を割って話すことのできる人を見つけて仲裁を頼んだのです。すると訴えはすぐに取り下げられました。

このあたりの機微は日本人も中国人もあまり変わりません。借りを作ったら、頻繁に金品を際限なく要求されるのではないかと思いがちですが、そういうことはありませんでした。この話には後日談があります。仲裁をしてくれた人がフォンと相手に一席を設けてくれました。仲介者の前で食事をすることで、「水に流した」わけです。

本社にウソの密告をされる

中国では、どんなに身辺をきれいにしていても、身に覚えのない密告で窮地に陥ることがあります。

わたしも巻き込まれた経験があります。あるとき、日本の京セラ本社に密告がありました。内容はえげつないものでしたが、要約すると「山口はある種の女性がいるいかがわしい場所へ仕事中に出入りしている」という内容です。それをカモフラージュするためにわたしが書いたとする日報も添付されていました。

本社はそれを真に受けて査問委員会に呼び出されました。

密告者が送ってきた〝証拠〟を示されて、あきれてしまいました。中身があまりにもいい加減なのです。なぜ本社はこんなものを真に受けたのか……。

「いかがわしい場所へ仕事中に出入りしたとされる日は、日本に帰国して仕事をしていましたよね」

「わたしが書いたとされる日報がなぜローマ字なのですか」

密告の文章は、ネットカフェのパソコンを借りて作成していました。だから日本語が表示できずローマ字書きだったのです。

京セラの中国担当の法務責任者は、幸い優秀な人物で、中国の公共の安全を守る公安警察に対し、「これは由々しき問題なので、誰が出したかというのを調べてくれと」依頼しました。すると3日もしないうちに、「××という人物が△△というネットカフェで書いたものだ」ということまで調べてくれました。

中国人の部下（現地スタッフ）は5人。その上に係長がいてわたしがいる。わたしがいた時代は業績が好調だったので、本社からも評価されていたのですが、そうなると部下たちはやりがいを感じる一方で、わたしの足を引っ張ってポジションを奪ってやろうと考え始める人もいます。もちろん全員ではありません。一部の人間ですが、そんなよからぬことを考えます。だから密告をしたのですが、「わたしを追い落としても後釜には座れないよ。後釜に座りたいのなら、成績を上げてわたしを引き上げて本社へ戻すことや。そうすれば席が空くからね」と言い聞かせました。

密告した人物は罪には問われませんでしたが、会社は辞めてもらいました。

このとき改めて中国の警察の能力の高さと同時に怖さも感じました。

中国では仕事上の付き合いで、日本人同士で食事をしたり、カラオケへ行ったりすることがあります。ただ飲んで歌うだけなのですが、どこからともなく警察が現れて、わたしたちが不穏な会話をしていないか、怪しい動きをしていないかと目を光らせているのです。もちろん、何もやましいところはないのですが、「法律の上に人間がいる」以上、捕まえる気になればどんな理由でも付けることができます。

そこで、わたしは北京市へ行くとよく公安警察のトップに会って、手土産を渡していました。賄賂を贈ったと思われるとかえって危険なので、お金は贈らず、お酒が多かったと思います。もちろんわたしにはやましいところがないので、堂々と会えるわけです。公安は自国の市民にさえ敬遠されている存在なので、わざわざ会いに来る日本人は珍しく、良好な関係を保つことができました。

第7章

PHSという技術と中国市場

ＰＨＳの技術が中国を席巻した事実

京セラを退職してしばらくたって、わたしは中国のジャーナリスト（藺玉紅氏）から取材を受けました。当時の状況と少しは中国の状況は変化していますが、わたしが主張したいことは変わっておりません。

異動通信をテーマとした国際フォーラムに参加した際にインタビューを受けました。

わたしの思いの締めくくりとして、このインタビューを再掲します。

※　　※　　※

藺：日本国内では、いつＰＨＳ業務を開始したのですか？

山口：日本は１９５５年５月にＰＨＳを開通しました。ＮＴＴドコモとＤＤＩが一緒にオープンしたもので、最初は〝簡易移動体装置〟と呼ばれていました。

藺：中国ではＰＨＳ技術は日本の〝遅れた技術〟だと思っています。その点について、どのように受け止められていますか？

山口：この意見にわたしはまったく賛成しません。中国で初めてＰＨＳを発売した時、このシステムを説明しました。本当に数えきれないほどやりました。当初、中国政府はＰＨＳを移動通信の手段だと認めませんでした。

１９９５年5月、日本国内の固定電話の普及率は１００％を超えていましたが、中国国内はわずか十数パーセントしかありませんでした。

有線での電話網の拡張は非常に困難であることは明らかでした。ＰＨＳを導入すれば、その状況はすぐに打開できます。そういうメリットがあったからこそ、中国政府はＰＨＳを積極に導入し、発売したのです。

藺：日本のメーカーが最初にＰＨＳを贈呈した、つまり無償で配ったと聞きましたが、その試みはうまくいかなかったんですか？

山口：はい。Ａ社は人民大会堂に無料で送り、Ｂ社は復旦大学に設備を送り、Ｃ社は西安で試用しました。３社はいずれも20ｍＷの基地局を使用しており、ネットワークをうまく構築できていませんでした。

確かに、初期はＰＨＳの電波が悪くて、ちょっと移動すると電波が切れてしまうので、遅れた技術のように映ったかもしれません。

藺：当時Ａ社とＢ社は、中国政府がＰＨＳ技術の開発許可を期待していました。しかし、その後、このシステムは日本でも、タイもインドネシアでも、結局は普及はしませんでした。

イベントに出席した呉邦国副首相(当時)

なぜそんな20ｍＷの設備を中国に導入しようと思ったかをうかがいたいと思いますが、まず最初にタイでの導入についてうかがいます。

山口：最初タイでは20ｍＷの基地局でしたが、その後２００ｍＷとなりました。出力としては十分でしたが、信号が良くないので、車で移動すると電波が切れてしまうことがよくありました。このためビジネスマンは使用しませんでした。

ＰＨＳが広がる素地は十分にありましたが、ビジネスのインフラが不十分だったのは残念でした

日本のＰＨＳユーザーが伸びている

蘭：日本のＰＨＳユーザーは今も伸びていますか？

山口：現在ユーザー数は毎月４万人程度が新規登録されています。年間50万人のユーザーが増加することになりますが、技術的には問題はありません。今ＰＨＳの料金は月極で月額２９００円となっていて低価格といえるでしょう。一方、日本の携帯電話の月額は３５００円、プラス通信費は月に６０００円～７０００円程度がかかります。ＰＨＳは携帯電話よりもはるかに安くなっています。ウィルコムはＰＨＳ業務を提供しており、日本の若者にすごく人気があります。日本ではＰＨＳがリバウンドする可能性があって、ユーザーが増えていくと信じています。

現在、３Ｇには３つの国際標準があります。ウィルコムのＰＨＳ技術はこの３つの基準を満たすことができます。

１　携帯電話の通話品質は固定電話と同じである。

２　移動時には、データ通信は３８４Ｋに達する。

３　静止時には１Ｍまでに達する。

現在、日本のウィルコムのPHSは、この3つの要求にすべて対応していますが、中国のPHSはまだ達していない。しかし、第1の要求を達成することができ、第2の要求はすでに64Kに達しています。ただ、第3の要求は達成できていません。これら3つの要件を達成するためには、ネットワークが最適化されることが必要です。

中国はネットの最適化問題を解決しなければならない

蘭：中国各地でのPHSユーザーが使用しているわけですが、使用には良い面と悪い面があると感じているようです。ここでは、PHSのつながりにくさについてお聞きします。

山口：確かに北京近辺では、サービス品質の問題が多く苦情が出ています。それは、技術の問題ではなく、ネットの最適化が不足しているということです。地域によっては、PHSの品質は異なりますが、重要なのはネットワークの最適化がどのように行われているかです。

蘭：北京のユーザーがよくいうのは、「どうしてこんなに使いにくいのか？　いつも電波が切れてしまう」です。

山口：UTスターカムは北京で1・6万台の基地局を設置しました。東京には180万人以上のPHSユーザーがいて、ウィルコムの基地局は1・5万台です。規模的には基地局は充分だと思います。東京は1＋3ですが、北京は1＋7または1＋15なので、容量は東京より大分大きいのです。東京で車を運転して走っていくと、たくさんの基地局のアンテナが見えますが、北京では見られませんからね。

藺：以前、呉基伝部長にインタビューしたのですが、その時、彼はPHS技術が早く発展すればするほど、国家は損失を受けるとおっしゃっていました。

山口：呉大臣の意見には同意しかねますね。

もしPHSを規制しないのであれば、安い価格でもっと良いサービスを提供することができます。今でも、中国移動、中国聯通は3Gにならなくてもいいと思っています。3Gを開発するのはTD－SCDMAのためです。

藺：中国のPHSのネット最適化が遅れているのは、コストが高いことに起因するようです。それにはどうお考えですか。

山口：最適化には必ずしも多くのお金をかける必要はありません。

日本にはGPS付きのマイクロ同期機器があり、ネットワーク最適化の問題をうまく解決することができます。衛星GPSで、A基地局とB基地局を同期させ、50万円ほどの投資で約数万人分の電波をカバーする受信機を導入できます。残念ながら、この設備は中国

PHSを手に取る中国信息産業部副部長數勤倹氏

にはまだありませんが。
藺：台湾での状況について教えてくださ
い。台湾では、携帯電話の普及率も高く、
同時にＰＨＳも多く使われています。な
ぜＰＨＳも成功できたのでしょうか？
山口：台湾でＰＨＳがこれほどにも成功
しているのは、２つの要素があります。ひ
とつは通話の品質です。もうひとつは
データ業務です。
　中国でも、データ業務にともなう付加
価値業務は始まっています。ＳＭＳ、着
信音などですが、それらは最も基本的な
サービスにすぎません。中国のＰＨＳ
サービスにはデータサービスが必要です。
現在は多くの人がノートパソコンを持ち、
急速に普及しています。ＰＨＳのネット

ワークカードは将来的に非常に有利になるでしょう。

蘭：今まで、中国国内の非常に影響力がある専門家たちは、PHSは主流の技術ではないと思っています。PHSは2G、3G、4Gのような明確な技術の進展の戦略がないからです。

山口：PHSデータ通信の速度は向上しつつあります。

32K、64K、128K、1Mという進化の経路が顕著になっています。データサービスにおけるその利点は明らかでしょう。このようにPHSはこれからさらに進歩することができますし、将来性がないということではまったくありません。また、PHSをはじめ携帯電話には写真撮影機能が備わっておりますが、日本で最初にこのような機能を持ったのはPHSでした。

蘭：中国政府に早く3Gライセンスを発行することを呼びかけようという流れも明らかになってきました。

山口：もし中国政府がすぐに3Gライセンスを発行すれば、TD―SCDMAに死刑宣言することに等しいです。3Gライセンスを要求しているのはWCDMAとCDMA2000のメーカーでしょう？

蘭：3Gライセンスを発行しても、すでに遅れていると考える人も中国にはいます。

山口：中国が3Gに乗れば、すぐに欧米に追いつくことができると思っています。

藺：日本は世界で一番早く3Gを応用している国です。3GはPHSを侵食しないでしょうか？

山口：日本では、画面が回転するような3Gの携帯電話は1万元程度がかかります。PHSは500元くらいです。オペレータの信号は非常によくできているので、ユーザーはまだそれを購入しています。

3Gが日本に導入されて3年以上、テストから数えると5年近くになりますが、PHSはまだ日常生活、ビジネスの両面で多くの人が利用しています。PHSと携帯電話、この両者は共存できているのです。

藺：中国の固定通信事業者は3Gの導入に非常に興味を持っていますが、3Gは彼らにすぐに利益をもたらしますか？

山口：3Gの料金が安くなったら、新規利用者を引き付けることができます、利用者が多くなってこそ料金が安くなりますからね。しかし、3Gではかなりの投資が必要です。すぐには利益をもたらしません。

1998年を迎え、PHSが中国で販売を開始してから7年が経過しました。現在も、CDMAは長年サービスしていますが、ユーザーは少ないままです。

中国監察部部長何勇氏と

蘭：いずれの技術も寿命があります。いつＰＨＳは歴史の舞台を引退すると思いますか？

山口：少なくとも5年は大丈夫です。10年は健在であることは間違いありません。中国のＰＨＳユーザーが1億人に達するのに長い時間はかからないでしょう。３０００万人のユーザーを追加する場合は、３０００万台のＰＨＳを追加する必要があります。これは製造業者にとって非常に良いビジネスですが、３Ｇ対応の携帯を一度に３０００万台の端末を出すことは不可能です。移行するにしてもまだ時間はかかります。

蘭：ＰＨＳを成長させ続ける方法は何でしょうか？

山口：ＰＨＳは新しい成長点を持つために、付加価値サービス、ネットワークの最適化、データレートの向上という３つのことが必要です。また、専用の端末、子供向け、高齢者向け、および位置情報サービスを持たせることできます。

藺：先日、中国電信と中国网通（２００８年両社が合併し、現在の China Unicom となります）は、端末本体とカードを分離できるＰＨＳを出しました。この動きについてどう思いますか？

山口：いいですね。ＰＨＳカードは分離されており、ユーザーは１つの番号で複数のＰＨＳを持つことができます。

また、ローミングの問題も解決できます。少なくとも、現地のカードで転送することが実現できています。

藺：ＰＨＳは国際的にローミングできますか？

山口：日本のＰＨＳは、台湾、タイに持って行って、国際ローミングができます。中国のＰＨＳがローミングできないのは政策の制限です。

※　　※　　※

今、このインタビューを読んでみて、やはり隔世の感があります。それでも、当時、中国におけるPHSの伸長は勢いがありました。技術の優れた京セラだから成功したと言えるでしょう。

第8章

中国での市場を拡大する実地スキル

名刺よりも顔を利かせることが大事

中国で働き、驚くことがよくありました。ビジネス文化の違いをこの章で紹介します。日本のビジネスは名刺交換からはじまりますが、中国では名刺を持っていない人が結構います。役所でも企業でも、こちらから出向くと、相手は7人くらい出てきます。7人のうちトップの人は名刺を持っていますが、その下の6人は持っていないことが多い。名刺を持つことがステータスというよりは、中国の組織には外部の人に会う機会が多い組織と、ほとんど会う機会がない組織があるということです。

共産党内の人は、外部の人と会う機会が少なく名刺は不要。党内では「顔」が名刺なので、下の者がうっかり名前を聞こうものなら「俺の顔を知らないのか」と叱られてしまいます。

給料は男女に差をつけません。仕事の内容と能力が同じなら給料は同一。そうしないと給料を見せ合ったときに文句が出るのです。日本人は給料を見せ合わないし、もし同僚と比べて自分の方が低ければ恥ずかしく思うものですが、中国人の社員からは文句を付けられます。

「なんでわたしと彼とで差があるのですか」

「それは彼が仕事を頑張ったからです」と、実績を示して説明することはできるのですが、それでも差を付けられた方は納得しません。そのため年齢に関係なく同一労働同一賃金を心がけていました。

そうなると頑張った方に不満がたまるので、ボーナスに差を付けて納得してもらいました。

部下を食事に誘わない中国の企業文化に悩む

京セラの営業所には、わたし、リーダー、5人の現地採用社員がいました。部下とのコミュニケーションに日本流は通用しません。

例えば部下を少し厳しく叱ったとします。日本の上司は部下が落ち込まないようフォローするために、「会社が終わったら飲みにいこうや」なんて誘います。同じ気持ちで中国人の部下を食事に誘い、その後にカラオケに誘い、カラオケ店で同席する女性のチップまで払ってあげる。自腹で部下に飲み食いさせた上司としては、部下からの評価が高くなったと思っているわけです。ところが部下の評価は真逆です。

「昼間は偉そうに俺を叱ったくせに、女性の前で鼻の下を伸ばしている。だらしない」

みたいな評価です。ましてや女性の部下をカラオケ店に連れて行くと評価は散々です。

わたしが営業所に着任して間もない頃、就業時間後に部下たちを夕食に連れて行って、あぜんとした体験をしました。

レストランに連れて行き、楽しく飲み食いして帰る段になって社員たちがこう言い出したのです。

「山口さん、バスに乗れないので、わたしたちはタクシーで帰ります」

営業所が入っているビルの前にバス停があり、社員は17時30分のバスで帰宅していたからなのでしょう。好きにすればいいと思ったのですが、次の言葉に詰まりました。

「タクシー代をください。それと食事の時間分の残業代をください」

このときは「夕食は懇親目的であり、仕事ではないから残業代は払いません。タクシーは同じ方向の人たちに分かれて分乗して帰ってください。その分は払います」と話して納得してもらいました。

日本人の上司だから、甘く見られたのでしょうか。中国人の上司には、どんな主張をするのでしょうか。

答えは「中国人上司は部下を誘わない」です。

日本に留学経験があるとか、日本の企業に勤めた経験がある中国人上司は誘うことがあるようですが、基本的には誘いません。「なぜ部下と飲み食いのお金を上司である自分が払わないといけないんだ」という感覚です。彼らが払うというのなら行ってやってもいいくらいは思っているでしょうが。

食事は基本的には一緒に行きませんが、わたしは「残業手当は付けないよ」とはっきり伝えてから月1回ほど誘っていました。わたしは営業所に常駐しているわけではないので、コミュニケーションが欠かせなかったのです。当時はレストランでの食事が安かったので、ポケットマネーで払っても懐が痛むことはありませんでした。

新年会は会社の費用で開きました。中国の正月休みは春節を中心にその前後になるので、ほぼ1カ月遅くなります。そのため12月中に忘年会をする習慣はなく、新年会で盛り上がりました。

公式・非公式の情報が集まってくる！

別の項でお話したように密告社会ですから、滞在中はニコニコしていても、不在になると、何を言われるか分かったものではありません。わたしだけが狙われているわけではなく、中国人の上司も密告の対象です。いまファーウェイに移った当時の中国人部下（中国人社員から見れば上司）も、何度も密告されて頭を抱えていました。

ひどい部下たちだと思うでしょう。ところが、まんざらでたらめでもないのです。告げ口されるのが多かったのが日本に留学したり、日本で働いた経験がある人です。彼らは中国に戻り所長に抜てきされ、給料が大幅に上がると、仕事に無用な口出しをしたり、社内の女性に手を出したりやりたい放題でした。すると他の社員がわたしに告げ口をしに来るのです。

「所長と部下の女性ができちゃっているけど、こんなことでいいのですか」

仕事がしにくい部下の気持ちは分かりますが、大人の恋愛ですから仕事中に不適切なことをしない限り、

「ちょっと俺の立場ではあんまり言えないからな」

そのうち所長は調子に乗って管轄である通信関係を超えて、総務関係まで口を出すようになる。越権行為については注意しなければなりませんが、部下たちもつまらないことで告げ口、密告ばかりするので辟易としたことがあります。

叱る場合はまずメンツを立ててから

日本でも同じですが、セクハラ、パワハラは絶対だめです。もちろん叱るところは叱りますが、同僚の前で叱るとメンツを傷つけるので、後から周囲の様子をうかがいながら「ちょっとあそこがおかしかったね」というような優しい叱り方を心がけていました。誰でも上司から叱られるとストレスを感じるものですが、まして日本人の上司から叱られるのは精神的にかなりきついようでした。

稲盛さんは、「叱る時は、たとえ人前でも容赦なく本気で叱る。ただし、叱られる人の人格を傷つけるような叱り方はしない」と言っていました。それは中国では通用しにくい場合もあります。人によっては後から注意してあげた方がよい人もいます。メンツが立つからです。新入社員でもメンツがあります。心の中では入社したばかりでメンツも何もないだろうと思いながらも気を遣って接していました。

メンツをつぶさないように叱る理由を理路整然と伝えれば、納得して改めてくれました。中国初の人材派遣会社の北京外企人力資源社（FESO）を通じて採用していたので、そこそこ優秀な人が集まっていたということもあったのでしょう。人材の質の面で苦労した覚えはありません。

もうひとつ良かったことは「小さく産んで大きく育てる」ことを実践したことです。小さな営業所からスタートして軌道に乗ったら所帯を徐々に大きくしていくことを心がけていました。多くの日本企業はいきなり大きな営業所を作り、大々的に宣伝して、大勢の人を雇って、力任せに市場を開拓しようとしがちです。これでは読みが外れて撤退するときに莫大なお金がかかってしまいます。

気軽に「あげる」企業文化に乗ってはいけない

中国人社員にはひとつの会社に生涯勤めるという発想はありません。ある程度スキルが高まると、より給料の高い会社に転職しようと考えます。幸いにもわたしの営業所ではなかったのですが、給料が50元（当時750円）高いだけで辞めてしまい翌日から来なくなることがよくあるようでした。

会社の方も割と簡単に解雇していました。日本では正社員の解雇は大変ですが、相応のことを仕出かすとあっさりクビを言い渡します。社員はブツブツ言いながらも応じていました。

社員は会社に対する思い入れもなく、会社も社員を大切にしない印象です。そのため引き抜きも珍しくないし、製造業では機密を持ってライバル社へ移ることもあったと聞いています。

そもそも発想が日本企業、日本人社員とは大きく異なります。

例えば申請した特許が利益を生んだとします。日本企業では特許に関わったAさん、Bさん、Cさんのバランスを考えて報奨金を出しますが、中国企業は有用な人材と見なしたAさんにだけ高級車を運転手付きで渡すというようなことを平気でします。わたしは深圳の企業経営者から「PHSをつくってくれれば別荘をあげる」と誘われました。造れるけれど、それをやると京セラに対する背任行為になってしまう。だから断りましたが、今、その別荘の価値は10億円だったそうです。しかし、中国人の発想では、リベートではないから会社に損害を与えたわけではないし、向こうがあげるというからもらっただけと、悪びれることはないようです。

あげる方もそんな発想で気軽に誘惑してくる。わたしは3回くらい「あげる」と言われました。別荘の他にも、深センの地下鉄駅から徒歩1分という高級マンションを「あげる」と言われたこともありました。あまりに言われ続けると感覚がマヒしてくるし、そんな関係が続くと断りにくくなるので、最初の段階で十分に気をつけた方がいいでしょう。

そこでわたしは日本人社員を6カ月ごとに日本へ帰していました。最初は短いかなと思っていたのですが、6カ月あれば結構いろいろな仕事ができます。単身赴任なので社員は仕事に専念でき、折々に家族を呼んで観光を楽しめばいい。社宅のマンションは120平方メートルほどもありました。日本の平均的なマンションの2倍ほどですから家族は大喜びです。

あいまいな交渉は絶対にNG

中国企業と取引するときは契約書を交わします。基本売買契約書とNDA（秘密保持契約）を結ぶのですが、3ページほどの大雑把な内容でした。細かい部分まで決めておかないとトラブルになりそうな印象ですが、基本売買契約書では、いつまでにお金を払う、通貨はドル建てにするといった概略と、例えば今回はPHSを400万台、いつまでにどこへ納品するということを決めます。

米国の契約書は分厚く、さまざまな状況を想定して取り決めをしますが、中国の大雑把な契約書でも大きな問題は起きませんでした。話し合いの余地があるという点では、大雑把な契約書で良かったのかもしれません。

すでにお話しましたが、京セラでは山東省青島にあった米国のルーセント・テクノロジー、深センにあったZTE、それから杭州にあったUTスターコムの3社と契約を結びました。このほかにも契約の話はたくさんあったのですが、これ以上多くなるとコントロールができなくなる。そこで例えば成都の会社からPHSを買いたいという話が来れば、ZTEのPHS（京セラ製品をZTEブランドで販売）を買ってもらっていました。

UTスターコムは、京セラと付き合う前は、パナソニック、NECと取引がありました。両社の基地局の出力は前にもお話したように10mWと小さく、それは日本で余った基地局を持ち込んでいるからです。これでは使い物にならないからと、京セラの基地局がどうしても欲しかった。社長のリクさんはもともとアメリカの京セラのプリンターの会社にいた関係があったこと、友人でもあったソフトバンクの孫正義さんが資本参加していて資金があったため、回収に問題なしという判断で付き合い始めました。その結果、UTスターコムはパナソニック、NECの基地局を京セラの基地局に変えてしまいました。

3社の中で一番厄介な会社はZTEでした。彼らはいつも〝浮気〟しようとするのです。京セラから買わずにパナソニックから買おうとします。値段の安い方から買うために算盤をはじいたのでしょう。

「パナソニックから買いたいのなら買ってもいいよ。その代わりうちからはＺＴＥに売らないから、どっちかにしなさい」

「それなら京セラから買います」

そう言いつつも、値下げ交渉をしてきます。

「わたしは1台97ドル以下で交渉するつもりはありません。97ドルの提示は折衝のための値段ではありませんよ。イエスかノー、どちらかにしてださい」

それでほとんど通りました。強気でしたが、それだけ京セラ製のＰＨＳの性能や品質が良かったということです。

ただ一般的な交渉は、このようなイメージでしょう。

「この製品の値段は1台１１０ドルです」

「それでは高すぎる。90ドルにしてください」

「では１００ドルまで下げます」

「いや95ドルになりませんか」

「それなら間を取って97ドルで手を打ちましょう」

中国ではこのやり方で値段のすりあわせをするのは大変です。

わたしの場合は、必ず最初に下限の金額を決めて、下限が97ドルなら絶対にそれ以下でまとめるなと部下に厳命をしていました。

ＺＴＥの交渉相手はチョウさんという女性でしたが、「見積もりは１１０ドルで出しているけれど、97ドルまでは値引いてもいい。ここからは１ドルも下げないからね」と宣言します。

ですが、かなりきついネゴシエイトをするんです。朝の９時から夜の９時まで「もう少し下げて欲しい」と言い続ける。決着がつかないと翌日に持ち越して交渉です。彼女は体力があるらしく３日間連続で交渉しても平気な顔をしています。３日目の夜10時になって「97ドルで買う」と手を打ったんです。ところが翌日、「実は山口、もうちょっと値段を下げてくれないか」と。ちゃぶ台返しです。わたしは粘り強く交渉する方でしたが、さすがに怒りました。

「あなたとはもう話しても仕方ないから、董事長と話します」

交渉に入る前に会社のトップと親しくなっておくことは重要です。

董事長、つまり社長はわたしが97ドルより下げるつもりがないことを知っています。だから彼女としては、97ドルより下の値段で交渉を成立させれば、自分の手柄として誇れるわけです。だからわたしの部下に交渉をするのです。

しかし董事長は部下が交渉しすぎると、今後の取引に差し障りがあることを理解しているので、大所高所から判断して、自分の面子も、山口の面子も立つ落とし所を提示してきます。

もちろん事前に話を通してあります。

まず、お互いの担当者同士で大まかな話を詰めて、2日ほど交渉して、うちの営業は100ドルを主張、彼女は93ドルを主張して折り合えないとします。するとわたしに「交渉がまったく進まない」と報告が上がるわけです。

そこでわたしは董事長に会って、

「これ以上時間をかけても仕方がないので腹を割って話すけど、京セラは97ドル以下で売るつもりはない。それが飲めないのなら商談をストップさせましょう」

ZTEとしては商談ストップは困る。なぜなら地方の電話局から大量の注文が来ているからです。わたしが開拓して注文を取っているのだから、ZTEがPHSを1台110ドルで卸しているという裏事情もわかっています。97ドルでも十分な利益が出ることも知っています。

「重慶からは60万台の注文が出ますよ。こちらと早く折り合って受注してください」

ZTEは自社のテリトリーに米国のUTスターコムが入り込んで、注文を横取りしようとしていることも知っている。だから相手も折れてくれるのです。

そういうトップ同士のやりとりがあって、山口は頑固だけれども筋が通った話をすると理解してもらっていても、現場のチョウさんの面子も立てなければなりません。

交渉が暗礁に乗り上げたときに、気分を変えるために手相を見てあげました。すると彼女の手に結婚線が2本見えました。同僚たちはチョウさんを独身と思い込んでいたのですが、

「2回結婚していて子どもが一人いますね」

「何で分かるの？」

それでギスギスした関係が解消されました。周囲の連中は「チョウさんはなんで弱腰になったのですか？」と驚いていました。

トップにまず会うことが大事

中国でビジネスを行うときは、トップとの関係づくりが大切です。紹介者を探して、なるべく地位の高い人との関係を最初につくるのです。いくら現場の人と仲良くなっても、ビジネスは進展しません。日本の商社の人でも3年も取引先に通っているのに、資材の窓口

から中へ入れてもらえないという人もいました。

やはり面子の国では、それなりのルートからアプローチしないと大型の商談をまとめるのは難しいと思います。


振り返ってみて、わたしが「運が良かった」と思うのは、商材が通信というまだまだ伸びる分野であったこと。そして、深圳の場合、ＺＴＥとファーウェイという２つの選択肢があったことです。どちらから攻めようか（取引の話をもちかけようか）となったとき、経理内容を調べました。何十万台、何百万台という取引になるので、代金が支払われずに焦げ付いたら責任を取りきれません。

当時、ＺＴＥの売上が３６０億円、純利益が50億あり黒字経営でした。ファーウェイは売上が１６００億円とかなり大きかったのですが、ほぼ同額の赤字となっていました。ファーウェイのほうが焦げ付く可能性が高かったため、ＺＴＥと取引をすることにしました。

京セラはお金の回収にはシビアだったことも背景にありました。例えば１００億円の取引がある相手でも、おそらく10万円の未回収金が生じていたら経理からつつかれてしまいます。

iAXを通じて日本企業をサポート

米国がどれほどの経済制裁を課しても、中国経済は成長し、市場は拡大を続け、その技術は米国に並び、いずれ抜くことになると予測しています。

これまで中国は世界の製造工場として「安価」を売り物にしてきましたが、今は違います。とりわけ通信関連の製造、ＬＣＤ、太陽電池、自動車などの製造は中国なくして成り立ちません。わたしは京セラ時代、中国市場を自らの手で開拓し、独自の人脈を築いてきました。フォンは、**技術はもちろん、中国の法律と日本の法律を熟知しています。iAXのスタッフはIT、ICT、IoT、AI、ロボットというようなこれからますます発展していく技術のエキスパート揃いです。**

日本企業が世界市場で勝ち抜けるよう、わたしはｉＡＸを通じて貢献していきます。

わたしたちの挑戦はまだまだ続きます。

目に入るものすべてがインターネットにつながるようになっています。このＩｏＴ時代において、大切なのは安く、高性能のデバイスをカスタマーに届けることをｉＡＸは目指していきます。そのために、設計段階から徹底的に改革し、開発、生産までトータルサポートしていきます。多くの人にとって、頼りがいのある専門知識の高い先導者として寄り添っていくつもりです。

2020年、わたしたちはより業態を進化させて、スマートデバイスとサービスの融合に特化したＩＤＨ（Individual Design House、独立デザインハウス）として、社名をデザインアーキテクチャーと変更しました。これによって、設計から調達、開発、生産、品質管理、搬送までを一括して管理します。日本で設計し、従来の中国、東南アジアの開発、生産パートナーとのコラボレーションが可能になり、よりカスタマーにとってよいベネフィットを提供できると思います。

社には、それぞれの分野のエキスパートたちが昼も夜も忙しく、中国を中心にアジア各国の企業とやりとりをしています。日本と中国のビジネスでの橋渡しを実感する日々です。これから、中国のポテンシャルを認識し、カスタマーにとって役立つことは何かを一緒に考えて、一緒に作っていきたいと思っています。

日本企業が世界市場で勝ち抜けるように、わたしはｉＡＸホールディングを通じて、貢献していくつもりです。

今から考えると隔世の感がありますが、わたしたちは中国ビジネスに本格的に取り組んだ第一世代だと思います。そのチャンスを与えてくれたのが稲盛和夫名誉会長です。会長のフィロソフィーを心に刻んで赴いたからこそ、中国という大きなマーケットを開拓できたのだと思います。

そして、常に、あらゆる面で自由に仕事をさせてくれ、サポートをしてくれた京セラに感謝の言葉を送りたいと思います。

あとがき

いま、中国の発展には、アジア諸国のみならず、世界中が注目しています。

私が中国にわたったとき、ここまでの経済成長は想像できませんでした。いえ、想像はできましたが、こんなに早く実現するとは思っていませんでした。

日本と中国との関係を考えたとき、その魅力は膨大な人口です。日本では、百万単位で売れればそこで頭打ちですが、中国だとその10倍の売り上げが見込めます。日本の企業はそこに着眼し、これからのビジネスを進めていくほうが、この閉塞したビジネスシーンを打破できるきっかけになるとわたしは思っています。

ＰＨＳは残念ながら終焉を迎えましたが、世界では唯一日本仕様の携帯で1億人のユーザーをもつことができました。ＰＨＳの終焉は日本の携帯メーカーの終焉をもたらしました。

次は5Ｇ、6Ｇでしょうか。難しい技術が人に便利性を与えるとは限りません。トップを走るにはそれに見合う戦略が必要です。あらためて稲盛名誉会長の教えをかみしめたいものです。

この本が、日本と中国のビジネスによりよい影響を及ぼすことを信じています。

最後になりましたが、京セラの稲盛和夫名誉会長に感謝の言葉を記して、筆を擱きたいと思います。

お忙しい中、帯の文をいただき望外の喜びでした。本当にありがとうございました。

株式会社・iAXホールディングス　代表取締役会長兼社長（CEO）　山口増海

山口 増海

（やまぐち・ますみ）

株式会社iAXホールディングス代表取締役会長兼CEO。1944年生まれ。福岡県出身。九州工業大学制御工学科卒業後、シャープへ入社。主に家電の開発を担当する。87年に京セラに入社し、90年代に中国でPHSの販路開拓に尽力する。その後、三洋テレコミュニケーションズを経て、現職。テレビ、テレビカメラ、自動販売機、エアコン、ホームセキュリティシステム、テレメータリングシステム、電話機、電子部品の開発、戦略企画、テレビ会議システム、海外通信営業など多数の成功実績を持つ。

中国で成功するフィロソフィー

2021年 8月24日　初版発行

著　者　山口増海
発行者　野村直克
発行所　総合法令出版株式会社
〒103-0001 東京都中央区日本橋小伝馬町15-18
EDGE小伝馬町ビル 9階
電話　03-5623-5121
印刷・製本　中央精版印刷株式会社

落丁・乱丁本はお取替えいたします。

ISBN 978-4-86280-806-6
総合法令出版ホームページ　http://www.horei.com/